KB235563

인생이라는 산에서 내려가는 연습

禅が教える 人生という山のくだり方

＊ 본문 중 괄호 안의 설명은 옮긴이의 주석입니다.
＊ 4장에 들어간 십우도 10컷은 담앤북스 측에서 그린 오리지널 일러스트입니다.

삶의 터닝 포인트에서
행복의 조건을 발견하다

인생이라는
산에서
내려가는
연습

마스노 슌묘 지음 | 김지연 옮김

담앤북스

십우도十牛圖로 보는
인생의 오르막길과 내리막길

우리 같은 승려는 매일매일이 수행입니다. 매일 아침 독경으로 시작하는 이 수행은 특별한 일이 없는 한, 평생 거르지 않습니다. 목숨이 다하는 날까지 수행은 계속됩니다. 그렇게 생각하면 수행에는 내리막길 같은 것은 존재하지 않습니다. 영원히 오르막길만 있는 것이지요. 부처님과 선대 조사님들께 조금이라도 다가갈 수 있도록 끊임없이 노력해야 합니다.

승려들의 수행은 저세상에 가서도 계속됩니다. 승려가 죽는 것을 천화遷化라고 합니다. '천화'란 어떤 의미일까요? 그것은 설령 이 세상에서의 생이 끝나고 다른 세상으로 간다 하더라도 그곳에서 다시 교화해 나가는 것을 의미합니다. 이 세상에서의 역할은 끝났지만 다른 세상에 가서 같은 역할을 하는 것이지요. 즉 승려에게 있어서 죽음이란 그저 교화하는 장소를 옮기는 것에 지나지 않습니다.

수행에는 끝이 없기 때문에 승려는 영원히 수행이라는 산을 올라야 합니다. 그런 의미에서 승려의 인생에 내리막길이란 없습니다. 물론 말은 이렇게 하지만 내리막길을 의식하지 않을 수 없는 경우도 있습니다. 예를 들어 인간에게 반드시 찾아오는 체력의 쇠퇴. 이는 아무리 수행을 해도 피해 갈 수 없습니다. 절을 청소하는 것만 하더라도 젊을 때에 비해 효율이 떨어집니다. 무거운 것을 옮기는 것 역시 뜻대로 되지 않습니다. 정신적으로는 아직 더 올라갈 수 있다고 생각하지만 신체의 노화는 어쩔 수 없는 것입니다.

저는 현재 대단히 바쁜 스케줄을 소화해 내고 있습니다. 매일매일의 수행은 당연한 것이며 수행 외에도 절의 주지로서 처리해야 할 업무가 산더미처럼 쌓여 있습니다. 뿐만 아니라 전 세계에서 '선禪의 정원' 디자인 의뢰가 쏟아지고 있어서 많게는 한 달에 두세 번 정도 해외로 나갑니다. 또한 학기가 시작되면 대학교수로서의 업무가 기다리고 있지요. 마치 인생이라는 산을 뛰어 올라가고 있는 기분이 듭니다.

물론 아직은 이런 스케줄을 소화할 수 있지만 아마 20년 후에는 어려울 것입니다. 정신력이나 업무 처리 스킬은 향상되겠지만, 그것을 실행하는 데 필요한 체력은 점차 떨어질 것입니다. 헌데 그렇게 되었을 경우 나 스스로 인생의 내리막길이라는 것을 의식할 수 있을지 그것까지는 저도 잘 모르겠습니다.

우리 인생에서 내리막길이라는 것은 결코 하나만 존재하는 것이 아닙니다. 체력적인 면에서의 내리막길도 있고 업무상에서의 내리막길도 있습니다. 또한 경제적인 면이나 생활 그 자체에서의 내리막길도 있고, 뇌의 기능이나 연애 감정에서의 내리막길도 있을 것입니다. 이처럼 머지않아 자신에게 찾아올 다양한 내리막길을 피하지 않고 어떻게 정면으로 마주할 것인가. 그것이 바로 이

책의 테마입니다. 물론 그것을 한마디로 정리하기란 쉽지 않습니다만, 한 가지 확실하게 말할 수 있는 것은 인간이란 계속해서 올라갈 수는 없다는 것입니다. 또한 정상에 올라갔다 해도 그곳에 영원히 머무를 수는 없습니다. 정상에 선 그 순간부터 내려가야 합니다.

하지만 내려간다는 것이 결코 나쁘기만 한 것은 아닙니다. 내려가면서 보는 풍경은 올라오면서 봤던 풍경과 분명 다를 것입니다. 올라갈 때는 놓쳤던 것들이 그제야 눈에 들어오게 되고, 똑같은 풍경을 보더라도 마음속에 전해지는 느낌은 전혀 다를 것입니다. 그 양쪽의 풍경을 보는 것이 바로 우리 인생입니다.

'인생에서의 오르막길과 내리막길'. 편집 담당자인 스즈키 씨에게 이 테마를 전해 들었을 때 문득 머릿속에 십우도十牛圖가 떠올랐습니다. 이것은 선의 수행이란 무엇인가, 어떻게 해야 깨달음에 다가갈 수 있는가를 잘 나타내 주는 열 장의 그림입니다. 유명한 것으로 12세기 북송시대 곽암廓庵 선사가 남긴 것이 있습니다.

그림은 한 동자가 잃어버린 소를 찾아나서는 것에서 시작됩니다. 동자는 소를 찾아 헤매던 중 간신히 소의 발자국을 발견합니다. 그리고 소를 찾았습니다만, 이 소가 좀처럼 말을 듣지 않는 것입니다. 동자는 소를 힘들게 길들여서 집에 데려왔고, 다시 평온한 일상을 되찾을 수 있었습니다.

소를 찾아 집에 데려왔으니 이제 소에 대한 걱정은 사라졌습니다. 소가 집에 있는 것이 당연한 것이며 도망칠 것이라고는 상상조차 하지 않습니다. 그래서 할 일이 없어진 동자는 마을로 놀러 나가 대낮부터 술을 마시며 사람들과 즐겁게 이야기를 나눴습니다. 그러자 마을 사람들은 하나둘씩 동자를 찾아와 고민을 털어놓거나 푸념을 늘어놓았습니다. 동자는 자신이 아무것도 하는 일이 없다고 생각했지만 이것이야말로 승려로서의 포교인 것입니다.

동자가 소를 길들여서 집으로 데리고 돌아왔을 때가 바로 인생의 정상입니다. 불교식으로 표현하자면 깨달음을 얻은 순간인 것이지요. 그렇다면 정상에서 내려온다는 것은 어떤 것일까요? 그것은 곧 이기심을 버리고 타인을 위해 살아가는 것입니다. 산 정상에서 내려가 주변 사람들의 마음을 구해야 합니다.

소를 손에 넣은 후에는 소를 찾아 헤맬 필요가 없어졌지요. 그렇기 때문에 앞으로는 소를 찾아다니고 있는 사람들을 도우면서 살아가는 것입니다. 깨달음이란 그런 것이라고 '십우도'가 가르쳐 주고 있습니다.

그런데 여기서 말하는 '소'란 무엇일까요? 선에서는 그것을 '본래의 자기自己' 혹은 불성佛性이라 해석합니다. 쉽게 말하자면 '본래 자신의 모습’, ‘자신이 추구하는 꿈’ 또는 ‘인생의 목표’이지요. 사람은 저마다 자신의 ‘소’를 찾아다닙니다. 그리고 누구나 고생 끝에 자신의 ‘소’를 발견하는 날이 찾아옵니다. 만약 스스로 발견하지 못하더라도 주변 사람들이 ‘이것이 당신이 찾던 소다’라고 가르쳐 주기도 합니다.

그렇게 자신의 ‘소’를 발견해서 잘 길들였을 때가 바로 인생이라는 산의 정상입니다. 그 후에는 ‘소’의 존재를 잊고, 뒤따라 올라오는 사람들을 향해 “힘내요, 이제 곧 정상이에요”라고 격려하며 내려가는 것. 그것이 내리막길의 행복이 아닐까요?

인생 80년. 40대나 50대는 아직 오르막길일지 모릅니다. 하지만 머지않아 내리막길이 찾아올 것입니다. 이미 내리막길을 실감하고 있는 사람이 있을지도 모르겠군요. 물론 인생을 마치는 순간까지 계속해서 오르기만 하려는 사람도 있을 것입니다. 그것 또한 나쁜 것은 아닙니다.

하지만 등산이라는 것은 열심히 올라가 정상에 도착한 후, 자신의 두 발로 다시 내려오는 것입니다. 그것이 등산의 완결입니다. 인생이라는 산도 마찬가지라고 생각합니다. 하나의 산을 끝까지 오른 후 무사히 하산하는 것. 그것이 완결입니다. 영원히 정상에 머물고 싶어 매달리는 것은 마치 인생이라는 산에서 조난을 당하는 것과도 같습니다. 자신의 인생에서 조난을 당하지 않기 위해서 우리는 평온하게 그리고 행복하게 하산하는 법을 익혀야 합니다.

 **1장** 하산이라는 철학

2장 하산할 때의 마음 정리

3장 기분 좋은 하산을 위하여

4장 십우도로 보는 인생이라는 산

閑
古
錐

오래 사용해 끝이 무뎌진 송곳처럼,
경지가 원숙해져 서슬이 밖으로 드러나지 않다

하산이라는 철학

내리막길에서
한 걸음 내딛는 것

선禪에 "백척간두진일보"百尺竿頭進一步라는 말이 있습니다.

백 척이나 되는 긴 장대 위를 한 걸음 한 걸음 걸어 올라가다 보면 이윽고 장대 끝에 도달하게 됩니다. 열심히 올라온 자신의 한 걸음, 한 걸음에 강한 만족감을 느끼며 '아아, 여기까지 열심히 올라왔구나' 하고 무척이나 자랑스러울 것입니다.

자, 그렇다면 장대 끝에 선 후에는 어떻게 해야 할까요? 더 높은 곳으로 올라가고 싶어도 더 이상 올라갈 장대가 없습니다. 그것을 깨달았을 때 우리는 그제야 내리막길을 걷기 시작합니다.

흔히 내려가는 것은 올라가는 것보다 안 좋은 것이라 생각합니다. 위로 올라가고 있을 때와 같은 고양감도 느껴지지 않고, 어쩐지 끝을 향해 가고 있는 듯한 기분이 들지요. 자신은 이제 내려가야만 한다며 내려가는 발걸음을 소홀히 하기 십상입니다. 그러면 어떻게 될까요? 이제껏 힘들게 올라왔던 그 장대에서 굴러 떨어지게 될 것입니다. 인생이 엉망이 되는 것이지요.

위로 올라갈 때의 걸음과 내려갈 때의 걸음은 다르지 않습니다. 둘 다 똑같이 소중한 걸음이라는 것을 알아야 합니다. 오르막길을 걷든 내리막길을 걷든 혹은 평지를 걷든 모두 우리 인생의 소중한 걸음이라는 것에는 차이가 없습니다.

자, 그렇다면 이제 장대를 현실 속 인생으로 바꿔서 생각해 봅시다. 예를 들어 회사라는 조직에서 높은 지위에 올라가기 위해 열심히 노력합니다. 노력한다고 누구나 임원이 되거나 출세를 하는 것은 아니지요. 젊은 나이에 부장이 되는 사람도 있고, 평사원인 채로 퇴직하는 사람도 있을 것입니다. 그것은 단순히 실력의 차이뿐만 아니라 인연이나 운에도 크게 영향을 받습니다. 좋은 상사를 만나는 사람도 있고 그렇지 못한 사람도 있기 때문입니다. 또한 그때그때의 사회 정세에 좌우되기도 하지요.

중요한 것은 자신을 둘러싼 환경을 직시하는 것입니다. '간신히 부장까지 올라왔어. 좋아, 이번에는 임원이 되는 것을 목표로 힘내야지' 하고 출세라는 막연한 목표에 사로잡혀서는 안 됩니다. 물론 그것을 자극제로 삼아 열심히 살아가는 것은 좋습니다. 하지만 자신이 정말로 임원이 될 수 있는지, 노력하기만 하면 끝까지 올라갈 수 있는지, 혹시 자신의 회사 인생에서 출세는 여기까지가 아닌지 현실을 직시하는 것이 중요합니다.

어쩌면 회사에서의 장대는 부장까지인지도 모릅니다. 즉, 지금이 바로 정상인 것이지요. 그렇다면 아무리 더 오르려고 해도 그 앞에 길은 없습니다. 억지로 올라가려고 하면 힘들게 올라온 부장이라는 자리에서마저 발을 헛디뎌 굴러 떨어지고 말 것입니다. 그렇게 되면 이제까지 노력했던 모든 것이 허사가 됩니다.

회사 생활에서 자신의 정상이 어디인지 알아야 합니다. 그것은 포기가 아닙니다. 자신에게 주어진 운명을 받아들이는 것이지요. 이제 그 앞에 길이 없다면 용기를 내서 내려가야 합니다. 내려간다는 것은 무엇일까요? 그것은 뒤따라 올라오는 젊은이들에게 자신이 지나온 길을 전해 주는 것입니다. 자신이 경험해 온 것을 전수해 주고, 뒤따라 올라오는 사람들을 밑에서 든든하게 떠받쳐 주는 것. 그것은 수행을 쌓은 승려가 속세로 나와 사람들의 마음을 치유하는 것과 같습니다.

간혹 자신이 지금 장대 끝에 서 있다는 것을 깨닫지 못하는 사람이 있습니다. 분명 그 앞에 길이 없는데도 계속해서 올라가려 합니다. 예를 들어, 어떤 사람은 사장이 되었는데도 만족하지 못하고 조금이라도 더 오래 그 자리에 머물고 싶어 합니다. 내려가는 것이 두려워 후배들에게 길을 양보하려고 하지 않지요. 그 모습은 마치 허공으로 손을 뻗어 구름을 잡으려고 발버둥치는 것과 같습니다.

이 세상에 만약 '아름다운 인생'이라는 것이 있다면, 그것은 아름답게 내려가는 모습에 있을 것입니다. 환상 속의 정상을 목표로 하거나 정상에 계속 머물러 있으려고 하지 않고 한 걸음 한 걸음 힘차게 발을 내디뎌 내려가는 모습에서 아름다움과 높은 인격을 느낄 수 있습니다. 아름답게 내려가는 사람 앞에는 다시 새로운 여러 개의 장대가 나타나게 될 것입니다.

당신은 지금 인생의 장대 어디쯤에 있습니까? 아직도 오르는 중인가요? 아니면 정상이 바로 눈앞에 있나요? 그것은 아무도 가르쳐 주지 않습니다. 당신의 현 지점이 어디쯤인지는 당신 마음속에 답이 숨겨져 있습니다.

‘누구를 위해’에서
벗어나다

인생이 한창 오르막길인 3040 세대. 이 시기에는 늘 ‘누구를 위해’, ‘무엇을 위해’라는 생각이 따라다닙니다. 결혼을 하면 생활을 유지하기 위해, 자식이 생기면 자식을 위해 열심히 일을 하지요. 또는 회사에서 출세하기 위해 한눈팔지 않고 일에 매진합니다. 위를 향해 끝없이 올라가는 시기입니다.

물론 그러한 동기 부여는 중요합니다. 예를 들어 어떤 사람은 집 대출을 갚기 위해 열심히 일을 합니다. 아무리 고달파도 자식들을 위해서라면 견딜 수 있지요. 이렇듯 인간이란 눈앞에 구체적인 목표가 있으면 더욱 힘을 내는 법입니다. 만약 ‘누구를 위해’,

'무엇을 위해'라는 목표가 없다면 아마 되는 대로 살아가게 될 것입니다. '무리해서 올라가지 않아도 괜찮다'라고 생각한 순간, 인생의 발걸음이 멈춰서 버리는 경우가 있습니다. 눈앞의 동기 부여란 그런 의미에서 꼭 필요한 것입니다.

하지만 '무엇을 위해'에 언제까지고 얽매어서는 안 됩니다. 그런 것들은 머지않아 우리 앞에서 사라져 버리기 때문입니다. 쉰살이 넘으면 자식들은 독립을 하고, 부모의 도움 없이도 살아갈 수 있게 됩니다. 더 이상 부모에게 어리광을 부리지도 않지요. 즉 '자식을 위해'라는 버팀목이 사라지는 것입니다. 쓸쓸한 일이지만 그렇게 되지 않는다면 거짓말입니다.

그러니까 자식에게 집착해서는 안 됩니다. 부모에게 독립하려는 자식을 붙잡는다거나 독립하지 못한 자식을 계속해서 돌보는 것은 언뜻 보기에 자식을 위하는 것 같지만 실은 부모의 자기만족입니다. '자식을 위해서'가 아니라 '자신을 위해서'인 것이지요.

자식이 독립을 하듯 언젠가 회사의 부하들도 훌륭하게 일을 처리할 수 있는 날이 옵니다. '부하를 키우기 위해'라는 역할은 머지않아 끝나게 됩니다. 그런 시기가 찾아오면 이제까지 가지고 있던 생각을 바꿔야 합니다. '내가 없으면 일이 돌아가지 않아'라고 생각하는 것은 커다란 착각입니다. 마음속 어딘가에서는 이미 알고 있지만 그것을 인정하고 싶지 않기 때문에 집착하는 것이지요.

부부 사이 역시 이제까지와 달라져야 합니다. 가정을 지키기 위해, 자식을 키우기 위해 이제까지 부부가 힘을 합쳐 열심히 살아왔습니다. 하지만 그런 오르막길의 시기가 끝나면 부부 공동의 목표가 사라져 버립니다. 그런 상황의 변화를 빠르게 알아채야 합니다. 물론 그렇다고 해서 부부가 헤어지는 건 아닙니다. 그렇지만 올라갈 때에는 오르막길에 걸맞은 부부관계가 있듯이 내려갈 때에는 내리막길에 걸맞는 새로운 부부관계가 탄생해야 합니다.

그런데 대체로 남자들은 이런 부부관계의 변화를 알아채는 데 둔한 편이지요. 아내는 이미 산을 내려가며 새로운 산을 목표로 하고 있는데 남편은 알아채지 못한 채 여전히 같은 산을 계속 오르려 합니다. 그렇게 되면 곧 아내의 모습을 놓치고 말 것입니다. '자식을 위해' 혹은 '생활을 위해'라는 발상에서 벗어나 부부가 함께 다음 목표를 찾아야 합니다.

그렇다면 다음 목표라는 것은 대체 무엇일까요? 내리막길에서는 '누구를 위해' 그리고 '무엇을 위해' 살아가야 할까요? 물론 그것을 찾아내기란 무척 어려운 일입니다. 오르막길에서는 구태여 힘들게 찾지 않아도 목표가 저절로 눈앞에 나타나곤 합니다. 집을 사면 대출을 갚아야 하며, 자식이 학교에 들어가면 교육비를 내야 합니다. 회사에서도 점점 중요한 일이 맡겨집니다. 이렇듯 자신의 의지와는 상관없이 계속해서 해야 할 일들이 생겨나지요. 그것은 힘들기도 하지만 한편으로는 스스로 애써 목표를 찾지 않아도 되니 편하기도 합니다. 당장 눈앞의 일들을 처리해야 하기 때문에 스스로 뭔가를 생각할 여유조차 없습니다.

그런데 내리막길에 접어들면 모든 것을 스스로 생각해야 합니다. '나는 무엇을 위해 일하고 있는가?', '누구를 위해 살아가고 있는가?' 등등 이제까지는 생각해 본 적도 없는 질문에 사로잡히게 됩니다. 그리고 대부분의 사람들이 당장은 그 답에 도달하지 못합니다.

'왜 사는가?', '나는 누구인가?'. 이것은 정말 선문답과 같은 질문입니다. 우리는 인생의 내리막길에 던져진 이 질문의 답을 찾아야 합니다. 초조해하면 답을 찾기가 힘들어집니다. 가만히 자기 자신을 응시하는 시간을 가져야 합니다.

이렇게 말하면 어쩐지 어렵고 철학적으로 느껴질지 모르겠지만, 어렵게 생각할 필요는 없습니다. 인생에 정해진 정답이란 없기 때문에 자신이 납득할 수 있는 답을 찾으면 됩니다. '앞으로의 인생은 이러한 것을 위해 살겠다'라고 결심을 하고 각오를 다져야 합니다. 다만 그 답에 도달하기 위해서는 이제까지 가졌던 '누구를 위해', '무엇을 위해'라는 발상에서 벗어나야 합니다.

가정을 지키는 것, 회사 업무 그리고 자식을 키우는 것. 이 모든 것은 몹시 중요한 일입니다. 하지만 그것이 끝없이 당신 앞에 존재하는 것은 아닙니다. 머지않아 인생에서 소중한 것들이 바뀌어 갈 것입니다. 그것을 받아들이는 것 또한 인생의 하산길입니다.

세상으로부터
잊힌다는 쓸쓸함

정년퇴직 후에 잔뜩 풀이 죽어 있는 사람이 있습니다. 특히 남성들 중에 그런 사람이 많지요. 아침에 눈을 떠도 갈 곳이 없고, 집에 있어도 마땅히 있을 곳이 없습니다. 오랜 세월 회사를 벗어나지 못했던 탓에 외출을 할 때도 양복을 입고 넥타이를 맵니다. 양복 외에는 어떤 옷을 어떻게 입어야 하는지도 모릅니다.

돈이 없는 것은 아닙니다. 다만 자신이 사회에 더 이상 필요한 사람이 아니라는 쓸쓸함, 마치 자신의 존재가 세상에서 잊힌 것 같은 적막감에 사로잡히게 됩니다.

퇴직할 때 부하들이 "가끔 들러 주세요. 아직도 배워야 할 것들이 한참 많아요"라고 말하며 배웅을 해 주었습니다. 만약 그 말을 듣고 '역시 내가 필요해'라고 착각을 하고 회사로 찾아간다면 어떻게 될까요? 현실에서는 성가신 존재가 될 뿐입니다. 자기 한 명 없어졌다고 해도 회사는 아무런 문제없이 잘 돌아갑니다. 당연한 일이지요. 회사란 그런 곳입니다.

정년퇴직을 하면 그 회사와의 인연이 끊어지는 것입니다. 따라서 함께 일을 하던 동료, 부하와의 인연도 끊어지지요. 정년퇴직이라는 것은 하나의 인연이 끝나는 것. 그것을 확실하게 머릿속에 새겨 두어야 합니다.

하나의 인연이 끊어지는 것은 나쁜 일도 슬픈 일도 아닙니다. 생각해 보면 가족 외에 평생 끊이지 않는 인연이란 없습니다. 학창 시절의 친구도, 사회에서 만난 동료도 그 인연이 평생 지속되기란 어렵습니다. 때로는 평생의 친구를 만나는 경우도 있지만 그런 일은 매우 드물며 큰 행운입니다. 이렇듯 우리가 맺고 있는 인연의 대부분은 언젠가 옅어지거나 끊어지기 마련입니다.

그러니 이제까지의 인연에 너무 미련을 두지 말고 새로운 인연을 맺어야 합니다. 우리의 인생에는 실로 많은 인연이 흘러 다닙니다. 흘러 다니는 인연은 결코 하나가 아닙니다. 그런데 우리는 마치 지금 맺고 있는 인연이 전부인 양 느끼곤 하지요. 회사에서 맺은 인연, 일을 하면서 깊어진 인연. 물론 그것도 소중한 인연이지만 그게 다가 아닙니다. 지금의 인연을 소중히 하는 마음은 이해하지만, 거기에 집착을 해서는 안 됩니다.

물론 억지로 인연을 끊어 내라는 것이 아닙니다. 만약 예전 동료가 만나고 싶다면 만나면 됩니다. 그런데 만나서 즐거움을 느끼지 못한다면 머지않아 그 인연은 옅어질 것입니다. 이제까지의 인연에 매달리지 말고, 그렇다고 해서 완강히 거부하지도 말고 자연스럽게 인연의 흐름에 몸을 맡기십시오. 그렇게 온화하게 이제까지의 인연과 이별하면 됩니다.

인생의 오르막길에서 맺은 인연과 내리막길에서 맺은 인연은 분명 다를 것입니다. 아무래도 오르막길에서는 자신을 더 키우고 싶은 욕심에 자신에게 있어서 이득이 되는 인연, 자신을 높여줄 만한 인연을 찾게 될 것입니다. 그러다 보면 자연히 이해타산이 개입됩니다. 아무래도 회사에서 만난 인연은 그런 경향이 강하지요. 그것은 당연한 일이기는 하지만 그런 인연은 자신의 영혼이 찾고 있는 인연은 아닐 것입니다.

힘들게 인생이라는 산의 내리막길에 접어들었으니 자신의 영혼이 진정으로 찾고 있는 인연을 만나야 합니다. 직함이나 프라이드 따위는 버리고, 함께 있으면 진심으로 즐거워지는 인연을 찾아야 합니다. 그러기 위해서는 자신이 어떤 사람과 인연을 맺고 싶은지, 어떤 사람과 함께 있을 때 즐거운지 등 자신의 솔직한 마음을 직시할 필요가 있습니다.

이제 억지로 인연을 맺거나 필요 이상으로 많은 인연을 맺을 필요가 없습니다. 중요한 것은 인원수가 아니라 얼마나 질 높은 인연을 맺는가입니다.

그렇다고 해서 마냥 기다리기만 해서는 안 됩니다. 앞서 말한 것처럼 인연이라는 것은 모든 사람의 곁을 공평하게 흐르고 있습니다. 그 인연에 가만히 손을 뻗어 봅시다.

오르막길에서처럼 명함을 건네며 "나는 이런 사람입니다. 언제 한번 술 한잔합시다"가 아니라 "다음에 같이 술 한잔 안 할래요?"라고 부드럽게 권해 봅시다. 그 말에는 그저 상대방과 함께 술잔을 주고받고 싶은 마음이 담겨 있을 뿐 아무런 계산도 없습니다. 내리막길에는 분명 그런 인연이 있습니다.

그런 인연을 맺음으로써 세상에서 잊혔다는 적막감에서 해방될 수 있습니다. 하산할 때밖에 만나지 못하는 인연이 있습니다. 그런 인연에 관심을 가져야 합니다.

하산하며 생겨나는
원숙미

한고추閑古錐라는 선어가 있습니다. '한'이란 '조용하고 마음이 편안한 상태'이며, '고추'란 '오래 사용해서 끝이 무뎌진 송곳'을 뜻합니다.

오랫동안 사용한 송곳은 날카롭지가 않아서 도구로서는 도움이 되지 않습니다. 하지만 오랫동안 사용해 온 송곳에는 말로 표현할 수 없는 고귀함이 담겨 있습니다. 다르게 표현하자면, 원숙미를 갖춘 존재라고 할 수 있겠습니다. 도구로서는 큰 도움이 되지 않지만 거기에 있다는 것만으로도 느껴지는 특유의 분위기가 있습니다.

　새 송곳은 도구로서는 뛰어나지만 때로는 너무 날카로워서 손에 상처를 입히는 경우가 있습니다. 하지만 오랫동안 사용해 온 송곳은 결코 사람의 손을 다치게 하지 않습니다. 다소 무뎌졌지만 안심하고 사용할 수 있지요. 이러한 원숙미를 소중히 하라는 선어입니다.

　인간도 마찬가지입니다. 젊었을 때는 몸도 머리도 날카롭습니다. 신속한 판단력으로 매사를 척척 해결해 나가지요. 이런 날카로움이 젊은 시절 최대의 무기이기도 합니다. 하지만 일정 나이가 지나면 그 날카로움은 점차 무뎌집니다. 민첩하게 몸을 움직이려 해도 뜻대로 되지 않으며, 판단력도 점차 둔해집니다. 하지만 그것은 단순한 쇠퇴가 아닙니다. 다양한 삶의 경험을 통해 판단의 재료가 늘어났기 때문에 급하게 결론을 서두르지 않게 된 것이지요. 이것이 바로 원숙미라는 것입니다.

　젊을 때는 젊기 때문에 할 수 있는 역할이 있습니다. 다소 어설프더라도 어찌 됐건 앞을 향해 나아갑니다. 실패를 두려워하지 않고 행동으로 척척 옮깁니다. 그것이 오르막길에 있는 사람의 역할이지요. 한편 내리막길에 있는 사람의 역할은 그러한 성급함을 제지해 주는 것입니다. 젊은 사람들을 향해서 "그렇게 초조해하지 말고 냉정하게 다시 한 번 생각해 봐", "좀 더 천천히 가자"라는 말을 던져 줘야 합니다. 그런 하산길에서의 역할을 깨닫는 것이 중요합니다.

나이를 먹고도 젊은 사람들과 경쟁하려 해서는 안 됩니다. '아직 질 수 없다'라는 마음은 좋지만, 젊은 사람들과 같은 장에서 싸우려는 것은 서로에게 도움이 되지 않습니다. 또한 더 이상 젊지 않은 자신을 자각하지 못한 채 지내다 보면 결국 자기 자신을 궁지로 몰아넣게 되어 무리가 발생할 것입니다.

'나이에 맞게 행동하라'라는 말이 있습니다. 이것은 '이제 나이를 먹었으니 조용히 있어라'라는 소리가 아니라 '나이를 먹었으니 거기에 맞는 좋은 부분을 발휘해라'라는 의미입니다. 나이를 먹으면 줄여야 하는 것들이 있습니다. 젊을 때와 같은 속도로 나아가는 것은 무리입니다. 하지만 이것저것 줄이다 보면 새롭게 할 수 있는 것도 생겨날 것입니다. 젊은 시절에는 절대로 생각하지 못했던 것들이 가능해질 것입니다. 그것이 바로 인생의 원숙미입니다.

우리는 원숙미를 갈고 닦는 노력을 아끼지 말아야 합니다. 가까운 예로 나이에 맞는 말투가 있다고 생각합니다. 아이들에게 부끄럽지 않은 단어를 선택하는 것, 바르고 아름다운 말로 이야기하는 것 그리고 상대방에게 상처 주는 가시 박힌 말은 마음속에 담아두고 온화한 말투로 이야기하는 것에 유념해야 합니다.

말에는 영혼이 깃들어 있습니다. 아무리 마음이 곱다 해도 내뱉는 말이 지저분하면 분명 그 더러움이 마음속에 스며들 것입니다. 어떤 말투를 쓰느냐는 어떤 마음가짐을 하고 있느냐와 같습니다. 최근에는 나이를 지긋이 먹고도 젊은 사람들이 쓰는 말투로 이야기하는 사람들을 자주 봅니다. 자신은 아직 젊다고 생각하고 싶겠지만, 썩 좋게 보이지는 않습니다. 그런 사람에게는 인생의 원숙미가 느껴지지 않습니다. 마치 하산하기 싫어서 투정을 부리는 사람처럼 보일 뿐입니다.

나이를 먹는 것은 단순히 늙어 가는 것이 아닙니다. 원숙미를 갖추고 온화한 말투로 젊은 사람들을 이끌어 가는 것이지요. 오래 사용해서 더 이상 도구로서는 도움이 되지 않는 송곳. 버릴까도 생각했지만 차마 버릴 수가 없습니다. 사용할 일이 없어도 그저 그곳에 있는 것만으로 마음이 놓이기 때문입니다. 인간도 나이를 먹어 감에 따라 그런 존재가 되었으면 좋겠습니다.

체력의 쇠퇴는
마음먹기에 달린 것

인간은 하루하루 늙음을 향해 다가가고 있습니다. 쇠퇴해 가는 것은 누구도 막을 수 없지요. 아무리 마음을 젊게 가져도 신체의 쇠퇴는 피할 수 없습니다.

의학적으로 봤을 때 마흔 살을 경계로 장내세균의 수가 절반으로 줄어든다고 합니다. 중년, 노년이 되면 배탈이 잘 나는 것도 그 때문이라고 합니다. 또한 뇌세포 수도 감소해서 기억력이 떨어지고 판단력도 둔해집니다.

물론 40대라면 아직 한창 오르막길입니다. 인생에서 가장 바쁘고 충실한 시절이라고 할 수 있겠습니다. 하지만 신체는 하산을 시작합니다. 우리는 그것을 분명히 의식해야 합니다.

40대가 돼서도 이제까지와 같은 생활을 계속하는 사람이 있습니다. 먹고 싶은 만큼 먹고, 마시고 싶은 만큼 술을 마십니다. 젊을 때라면 웬만한 폭음과 폭식에도 끄떡없겠지만, 40대에도 그와 같은 생활을 계속한다면 노화의 속도가 앞당겨질 것입니다. 자신도 모르는 사이에 몸 여기저기에 문제가 발생하고, 결국 돌이킬 수 없는 병을 얻게 되는 경우도 있습니다. 아무리 마음을 젊게 가져도 40대가 지나면 그때까지의 생활 패턴을 돌아봐야 합니다. 누구도 체력적인 쇠퇴를 피할 수는 없습니다. 하지만 마음먹기에 따라서 그 속도를 늦출 수는 있습니다.

그 첫 번째가 식생활의 개선입니다. 선승이 되기 위해 수행을 하는 운수승(구름 가듯 물 흐르듯 떠돌아다니면서 수행하는 탁발승)들은 고기와 생선을 일체 먹지 않습니다. 물론 수행이 끝난 후에도 완전한 일즙일채(一汁一菜)의 식사를 하는 것은 거의 불가능하지요. 나 역시 가족과 함께 저녁을 먹을 때면 고기를 거부하지 못합니다. 다만 특별한 일이 없는 한 가능하면 채소 위주의 식사를 하려고 노력하고 있습니다.

"주지 스님께서는 정말 피부가 깨끗하시네요"라는 말을 종종 듣습니다. 가끔 방송에 출연할 기회가 있는데 메이크업을 해 주시는 분이 저를 보고 놀라곤 합니다. 예순 살이 넘었음에도 제 피부에는 트러블이 전혀 없습니다. 이것은 분명 오랫동안 채소를 중심으로 한 식사를 해 왔기 때문이라고 생각합니다. 실제로 우리 절에 와서 식생활을 개선한 사람들은 한 달 정도가 지나면 피부가 맑고 깨끗해집니다. 사람의 안색을 보면 건강한 식생활을 하고 있는지를 알 수 있지요.

한창 바쁘게 일을 하는 젊은 시절에는 많은 양의 식사를 하고 싶을 것입니다. 거래처를 돌며 온종일 뛰어다니느라 배도 고프겠지요. 그럴 때는 충분한 식사를 하십시오. 대신 주말에는 가능한 한 양을 줄여서 식사를 하는 것이 어떨까요? 거창하게 단식을 하라는 것이 아니라 토요일과 일요일 이틀간만 고기와 생선을 먹지 않도록 하는 것입니다. 그런 습관을 익힌다면 분명 노화의 속도는 더뎌질 것입니다.

물론 모든 선승이 올바른 식생활을 하는 것은 아닙니다. 운수승은 고기와 생선을 먹지 말아야 하는 규칙이 있기 때문에 이 수행 기간에는 엄격히 제한된 식사를 합니다. 하지만 그 기간이 끝나고 어엿한 선승이 되면 이제 어떤 식사를 하든 자유입니다. 예전에는 수행 기간이 끝나도 대부분의 선승들이 일즙일채의 식사를 계속 유지했습니다만, 지금은 상당히 자유로워졌습니다. 선승이지만 뚱

뚱하게 살이 찐 사람도 있고, 술을 마시고 불콰해진 얼굴로 돌아다니는 사람도 있는 등 별로 언급하고 싶지 않지만 아무튼 다양한 종류의 선승이 있습니다.

어찌 됐건 마흔이 넘으면 스스로의 생활을 주의해야 합니다. 바로 이 시기가 하산을 준비하는 기간이라고 생각하십시오. 내리막 길이니까 체력이 별로 필요하지 않을 것이라고 생각한다면 큰 착각입니다. 산을 내려가는 데에도 체력이 필요합니다. 아니, 올라갈 때보다 더 많이 필요할지 모르겠습니다. 건강한 신체로 씩씩하게 한 발, 한 발 내려간다면 아름다운 풍경과 만날 수 있을 것입니다. 여유로운 마음으로 하산할 수 있게 되는 것이지요.

우리는 하산의 준비를 해야 합니다. 병든 몸으로 하산하는 것은 몹시 괴로운 일일 것입니다.

후회와
마주하는 법

후회가 전혀 없는 인생이란 없습니다. 겉으로는 "내 인생에 후회란 없다"라고 말하는 사람의 인생에도 실은 크고 작은 후회의 가시들이 박혀 있기 마련입니다. '그때 이렇게 했더라면 좋았을 텐데', '그때 그러지 말았어야 했어' 등등 인생을 좌우할 만한 크나큰 후회부터 자잘한 후회까지 우리의 인생에는 늘 후회가 뒤따르는 법입니다. 어떤 고승이라 해도 후회가 전혀 없는 삶을 사는 사람은 없을 것입니다.

그런데 이 후회라는 감정은 언제 마음속에 떠오르는 것일까요? 대체로 인생의 내리막길에서가 아닐까요?

물론 오르막길을 올라갈 때도 이것저것 후회되는 일이 생길 것입니다. 업무상 실수를 했다거나, 인간관계에서 실수를 했을 때 새로운 후회가 생겨납니다. 하지만 오르막길일 때는 그런 후회가 큰 짐이 되지 않습니다. 다시 하면 된다고 생각하기 때문입니다.

업무상의 실수는 그것을 교훈으로 삼아 만회할 수 있습니다. 인간관계에서의 후회 역시 마음만 먹으면 되돌릴 수 있습니다. 후회는 계속해서 생겨나지만 그것을 앞으로 나아가기 위한 원동력으로 삼을 수 있습니다.

사실 오르막길일 때는 뒤를 돌아볼 여유가 없습니다. 후회되는 일을 깜빡 잊기도 하고, 잊었다는 그 사실조차 깨닫지 못하기도 합니다. 해야 할 일들이 끊임없이 눈앞에 나타나기 때문에 후회하고 있을 시간이 없는 것이지요.

그렇게 잊고 있었던 후회의 마음. 그것이 어느 날 문득 떠오르거나 눈앞에 나타나거나 합니다. 오르막길에서 잊고 지냈던 후회의 감정들이 내리막길에서 다시 떠오릅니다. 하지만 그것은 몇 년이나 지난 일이기 때문에 이제 와서 어찌할 도리가 없습니다.

자신의 힘으로는 어떻게 할 수 없다는 안타까움. 그 안타까움 때문에 후회는 점점 커져만 갑니다. 우리를 괴롭히는 후회란 그러한 것입니다.

과거는 바꿀 수 없습니다. 과거의 자신에게 돌아갈 수도 없습니다. 그렇다고 해서 그 과거를 모른 척해서는 안 됩니다. 과거의 실패와 후회를 똑바로 직시하고, 같은 후회를 반복하지 않아야 합니다. 후회의 마음을 질질 끌고 가는 것이 아니라 후회의 마음을 가슴속 깊이 잘 간직해 두고 '지금'이라는 순간을 살아가는 것이 중요합니다. 과거의 자신에게서 교훈을 얻고, 더 나은 미래를 만들기 위해 노력하는 것. 후회의 마음과 마주한다는 것은 그런 것이 아닐까요?

"불퇴전不退轉의 결의"라는 말이 있습니다. 일반적으로 '더 이상 물러설 수 없다는 각오로 매사에 임하는 것'이라는 의미로 쓰입니다만, 이것은 본래 '굳게 믿고 굴하지 않는 것', '꺾이지 않고 앞으로 나아가는 것'이라는 의미의 선어입니다.

불교에서는 '수행을 통해 한 번 깨달음을 얻었으면 두 번 다시 망설임의 세계로 돌아가서는 안 된다. 그 깨달음을 잃어버려서는 안 된다'라고 가르칩니다. 즉, '불퇴전의 결의'란 굳은 신념을 가지라는 의미인 것이지요.

결코 이전으로 돌아가지 않겠다는 신념을 가져야 합니다. 인생이라는 것은 과거로 돌아갈 수 없다는 진리를 명심하고, 굳은 각오로 살아가십시오. 과거에 얽매이거나 과거로 인해 갈팡질팡하지 말고 '지금'이라는 순간을 소중히 여기며 살아가는 것이 중요합니다. 중요한 것은 바로 '지금'이라는 순간입니다. 지금 이 순간이야말로 불퇴전의 결의로 살아가야 합니다. 선에서는 그것이 인간에게 주어진 사명이라고 가르치고 있습니다.

물론 때로 과거를 돌아보게 되는 일이 있을 것입니다. 후회의 마음에 사로잡힐 때도 있겠지요. 그것은 우리가 살아 있는 한 어쩔 수 없는 일입니다. 하지만 그 파도에 집어삼켜져서는 안 됩니다. 그것에 휘둘려서는 안 됩니다. 후회의 마음조차 앞으로의 인생을 잘 살아가기 위한 교훈으로 삼아야 합니다. 인생의 내리막길에서는 그렇게 할 수 있습니다.

후회라는 마음의 짐을 짊어지고 한 발, 한 발 내딛습니다. 때로는 무겁게 느껴지기도 하고 때로는 멋대로 어깨에서 떨어져 버리는 경우 역시 있겠지요. 그 짐 하나하나가 당신이 걸어 온 인생입니다.

평가보다
감사하는 삶

2011년 3월. 일본의 동북 지역에 사상 최대의 지진이 일어났습니다. 많은 사람들이 목숨을 잃고 많은 사람들이 삶의 터전을 잃었습니다. 그날의 광경은 결코 잊을 수 없습니다. 승려로서 할 수 있는 일은 그저 돌아가신 분들의 명복을 비는 것뿐이었습니다.

그때 텔레비전에는 많은 자원봉사자들의 모습이 비쳤습니다. 수많은 사람들이 '내가 할 수 있는 일이 뭘까?', '조금이라도 힘이 되어 주고 싶다'라는 마음으로 일본 각지에서 달려왔습니다. 그때 저는 깨달았습니다.

깨진 기왓장을 열심히 치우는 사람들 중에 사오십 대로 보이는 사람들이 많았습니다. 한 남성은 인터뷰에서 평일에는 회사에서 일을 하고, 주말에는 가능한 한 재해 현장으로 달려온다고 했습니다. 또 어떤 사람은 유급 휴가를 내고 자원봉사를 하러 왔다고 했습니다. 저는 그런 사람들의 모습을 보며 마음이 따뜻해지는 감동을 느꼈습니다.

사오십 대라 하면 사회에서 중심이 되는 시기입니다. 아마도 회사에서 중요한 업무를 맡고 있을 것입니다. 바쁜 일상 속에서 단 하루라도 느긋하게 쉬고 싶었을 텐데 그 소중한 휴일을 반납하고 어려운 이들을 돕기 위해 한걸음에 달려온 것입니다. 방송을 통해 그들의 따스한 마음이 고스란히 전해졌습니다.

그들은 봉사를 마치고 집으로 돌아가며 저마다 이렇게 말했습니다.

"대단한 일을 했다고 생각하지 않습니다. 오히려 제가 그분들께 큰 힘을 얻고 돌아갑니다."

그들은 아무런 계산 없이 그저 누군가에게 도움이 되고 싶다는 순수한 마음으로 도운 것입니다. 그리고 재해민들로부터 "감사합니다"라는 인사를 듣는 순간, 커다란 기쁨과 충만감을 느꼈을 것입니다.

감사 인사를 받는 기쁨. 현대사회에서는 그것이 잊히고 있습니

다. 특히 비즈니스 세계에서는 '감사'는 뒤로 감춰지고 '평가'만
이 표면에 드러납니다. 거래처 사람이나 상사에게 감사 받는 경우
도 있겠지만, 그 '감사'란 어디까지나 업무상의 것에 지나지 않습
니다. 또한 회사에서의 '감사' 뒤에는 늘 '평가'가 뒤따르는 법이지
요. 우리는 그런 세계에 살고 있습니다.

'평가'와 '이해타산'의 세계. 그런 세계를 부정하는 것은 아니지
만, 그것만 중시된다면 인간의 마음은 망가져 버릴 것입니다. 계산
의 세계에 빠져 버리면 중요한 것들을 잃게 됩니다. 특히 오르막
길을 오를 때는 '감사'보다 '평가'가 중시됩니다. 어쩔 수 없는 일
이기는 하지만 그것이 전부라고 생각해서는 안 됩니다. 진심으로
'감사하다'고 말할 수 있고, 그 감사의 마음을 순순히 받아들일 수
있는 따뜻한 관계가 있다는 것을 잊어서는 안 됩니다. 감사의 마
음을 하찮게 여겼을 때 우리의 마음은 피폐해집니다.

재해 지역에 자원봉사를 하러 간 많은 중년, 노년의 사람들. 그
들은 분명 인생이라는 산을 잘 내려갈 수 있을 것입니다. 모두가
행복한 하산을 할 수 있으리라 믿습니다. 왜냐하면 그들은 감사의
말을 순순히 받아들일 수 있기 때문입니다. 감사 받는 기쁨을 알
게 되면 그때까지와 다른 세상이 열립니다. 분명 이제까지 보이지
않았던 것들이 보이게 될 것입니다.

혼자라는
쓸쓸함

코퍼레이티브 하우스(corporative house)라는 형태가 유행하고 있다고 합니다. 각자의 방은 독립되어 있지만 부엌과 거실은 공동으로 사용하는 형태입니다. 셰어 하우스처럼 단순히 같은 집에 공동으로 모여 사는 것이 아니라, 예를 들어 같은 취미나 가치관을 가진 사람들끼리 모여 사는 형태입니다. 사생활이 보장되면서도 언제나 말 상대가 존재하기 때문에 외롭지 않게 지낼 수 있습니다. 개인적인 생각으로는 상당히 좋은 형태인 것 같습니다. 이것이 유행한다는 것은 그만큼 인간이 고독하고 쓸쓸하기 때문일 것입니다.

옛날 일본 사회에서는 혼자 사는 경우가 매우 드물었습니다. 3대가 함께 살며 많은 형제, 친척으로 북적였지요.

그런데 근년 들어 혼자 사는 사람들이 급증해서 현재 도시에 사는 사람 중 40%가 혼자 산다는 데이터를 본 적이 있습니다. 결혼을 하지 않은 독신 남녀도 많지만, 결혼을 했다가 헤어졌거나 혹은 한쪽이 먼저 세상을 떠나는 등의 다양한 요인으로 혼자 사는 세대가 급증하고 있습니다.

혼자라는 쓸쓸함. 그것은 인간에게 있어서 아주 중요한 문제입니다. 공포와도 같다고 말할 수 있지요. 누군가 늘 자기 곁에 있어 주고, 생각해 주고, 쓸쓸함을 달래 주기를 원합니다. 역시 우리는 사람들 속에 살아가야 하는 존재인 것입니다.

하지만 일본인은 커뮤니케이션에 서투릅니다. 특히 남성들은 가벼운 인간관계를 잘 맺지 못하지요.

하지만 커뮤니케이션에 서툴러도 사회생활을 하는 데는 큰 지장이 없습니다. 인생의 오르막길에서는 가만히 있어도 저절로 인간관계가 넓어집니다. 그것이 설령 업무상의 관계라 할지라도 어쨌거나 쓸쓸하게 고립되는 일은 없습니다. 자신이 적극적으로 나서지 않아도 주변에서 알아서 술자리 등의 모임에 끌고 가 줍니다. 그런데 그런 소극적인 인간관계만 해 오던 사람이 어느 날 갑

자기 회사를 그만두면 어떻게 될까요? 인간관계를 어떻게 맺어야 좋을지 몰라서 마치 길을 잃은 어린아이와 같이 혼자 배회하게 될 것입니다.

파수공행把手共行이라는 선어가 있습니다. 신뢰할 만한 사람과 손을 맞잡고 살아가는 것의 소중함을 의미합니다. 그것은 현실적인 상대만을 가리키는 것이 아닙니다.

시코쿠四國의 순례자들(일본 시코쿠 지역에는 홍법대사의 유적지인 사찰 88곳이 있는데 그곳을 순례하는 사람들을 말함)이 쓰는 삿갓에는 동행이인同行二人이라는 글자가 쓰여 있습니다. 둘이서 함께 걸어간다는 뜻이지요. 그런데 여기서 말하는 둘이란 실제로 누군가가 있다는 소리가 아닙니다. 한 명은 당연히 자기 자신이며, 또 한 명은 자신의 마음속에 있는 홍법대사나 관음보살을 가리킵니다. 실제로는 혼자 걷고 있지만 거기에는 관음보살의 존재가 언제나 함께합니다. 혼자이지만 결코 외톨이가 아니기 때문에 아무것도 두려워하거나 걱정할 필요가 없는 것이지요.

마음속에 있는 누군가. 그것은 또 다른 자기 자신일 수도 있으며 관음보살일 수도 있습니다. 또는 평소에 자주 보지는 못해도 언제나 마음속에 있는 친구이거나 소중한 가족 혹은 일찍 세상을 떠난 어머니일 수도 있습니다.

이렇듯 누구에게나 자신의 버팀목이 되어 주는 사람이 반드시 마음속에 있을 것입니다. 형체는 없지만 어딘가에서 목소리가 들려옵니다. 분명 어딘가에서 자신을 지켜봐 주고 있을 거라고 생각하면 혼자여도 외롭지 않습니다.

혹시 지금 외로움에 괴로워하고 있거나 인생을 함께 걸어가 줄 사람이 없다며 한탄하고 있다면, 누군가가 느닷없이 자기 앞에 나타나 주길 기다리고 있지만 말고 스스로 누군가의 가슴속으로 뛰어 들어가십시오.

그렇게는 못하겠다거나 혹은 그러고 싶지 않다면 이대로 홀로 하산하는 것도 괜찮습니다. 돌아가신 부모님과 함께 내려가는 것도 좋고, 또 다른 자기 자신과 함께 내려가는 것도 좋습니다. 인간이란 혼자 살아갈 수 없지만, 결국 혼자 태어나서 혼자 죽습니다. 그것이 진리입니다. 고독이란 쓸쓸한 것이지만, 결코 공포의 대상이 아니라는 것을 알아 줬으면 합니다.

부모에게 배우는
하산의 여정

누구나가 인생이라는 산을 내려가야 하는 순간이 다가오면 당혹감을 느낄 것입니다. 바로 눈앞에 있는 정상을 바라보며 '힘들게 여기까지 올라왔는데 다시 내려가고 싶지 않아. 하지만 언젠가 하산을 해야겠지. 그 타이밍은 언제일까? 하산을 하면 무엇이 기다리고 있을까?' 하는 불안감과 갈등이 몰려들 것입니다.

3대가 한 집에 사는 것이 당연하던 시절에는 부모님과 조부모님을 통해 인생을 배울 수 있었습니다. 어렸을 적부터 부모님과 조부모님이 매일같이 열심히 밭일을 하는 모습을 보며 자랍니다.

하지만 어느 사이엔가 조부모님의 건강이 쇠약해져 점차 힘든 일은 할 수 없게 됩니다. 그래도 조부모님께서는 일을 그만두지 않습니다. 비록 밭을 가는 일은 더 이상 할 수 없지만, 수확한 작물을 깨끗이 씻어 내는 일은 할 수 있습니다. 아이들은 찬물로 정성껏 작물을 씻어 내는 조부모님의 모습을 통해 인생을 하산하는 모습을 봤을 것입니다.

인생이라는 산을 내려간다는 것은 더 이상 아무것도 하지 못하게 된다는 소리가 아닙니다. 누구에게나 이제까지 할 수 있던 일을 더 이상 하지 못하게 되는 시기가 찾아옵니다. 하지만 그때마다 새롭게 할 수 있는 다른 일을 발견하게 됩니다. 그저 막연하게 내리막길을 내려가는 것이 아니라 자신의 능력을 살릴 수 있는 새로운 일을 찾으면서 내려가는 것입니다. 목숨이 다하는 날까지 자신이 할 수 있는 일을 찾아서 열심히 사는 것이 인생이라는 것을 부모님과 조부모님께서 가르쳐 주셨던 것입니다. 그때는 이렇게 가까운 곳에서 인생을 배울 수 있었습니다. 인생의 길잡이를 찾기 쉬운 시절이었지요.

하지만 현대사회에서는 3대가 함께 사는 경우가 매우 드뭅니다. 부모님, 조부모님과 함께 일을 하는 경우도 거의 없습니다. 같은 샐러리맨이어도 회사가 다르면 정년퇴직을 하는 연령도 다릅니다. 한마디로 인생의 길잡이를 찾기가 힘들어진 것이지요.

　그렇다면 인생의 길잡이를 찾지 못했을 때, 도대체 누구와 상담을 하면 좋을까요? 대부분의 사람들은 자신과 같은 처지에 있는 동료와 이야기를 나눕니다. "이제 곧 정년인데, 자네는 그만두고 뭘 할 텐가?"라고 서로의 처지를 묻고, 정년 후에도 할 일이 있는 동료를 부러워합니다. 이래서는 아무것도 해결되지 않습니다. 같은 처지의 사람들끼리 이야기를 나누는 것이 잘못된 것은 아니지만, 거기에서 생겨나는 것은 비교뿐입니다. 다른 사람과 자신을 비교하며 일희일비하게 되지요.

　길잡이를 찾고 있다면 자신의 부모님에게 묻는 것이 가장 좋습니다. 같은 처지에 있지는 않지만, 부모님에게는 타인에게는 없는 애정이 있습니다. 부모님과 같은 길을 가라는 것이 아니라, 부모님의 경험과 생각을 들으라는 것입니다. 분명 거기에 커다란 힌트가 숨어 있을 것입니다.

　정년퇴직을 코앞에 둔 한 남성이 있었습니다. 회사가 일방적으로 정해 놓은 하산의 시기에 큰 불만을 품고 있었지요. 그러던 어느 날 그는 고향집에 돌아가 아버지와 이야기를 나누었습니다. 평소에는 대화가 별로 없던 부자지간이었지만, 문득 아버지의 이야기가 듣고 싶어졌습니다.

　"아버지, 회사를 정년퇴직하셨을 때 기분이 어떠셨어요?"

아버지는 아들의 마음을 충분히 이해할 수 있었습니다. 자신도 걸어 온 길이기 때문입니다. 아버지는 조용히 대답했습니다.

"회사라는 하나의 산을 내려왔지. 만약 회사가 정년이라는 말로 등을 떠밀지 않는다면 너는 계속해서 지금의 산을 오르려 했을 거야. 하지만 인생에서의 산은 결코 하나가 아니란다. 힘들게 회사라는 산을 내려왔으니, 이제 다음에 오를 산에 향해 발걸음을 내디뎌야 한단다."

그 말을 들은 남성은 인생의 길잡이를 찾은 것 같은 기분이 들었다고 합니다.

부모님의 말씀에 귀를 기울이십시오. 조부모님께서 살아오신 길을 다시 한 번 생각해 봅시다. 살아온 시대와 처지는 다르지만, 거기에 분명 인생의 길잡이가 될 만한 가르침이 있을 것입니다. 긴 인생을 걸어온 선배로서 그리고 무엇보다 당신을 진심으로 아껴 주는 사람으로서, 당신이 행복해질 수 있는 하산의 철학을 전수해 줄 것입니다.

소비 패턴을
바꾸다

정년퇴직을 한 어느 남성이 돈이 없다며 불평했습니다. 만나는 사람한테마다 늘 "용돈이 부족해"라며 투덜거렸습니다.

들기로는 회사에 다닐 때 연봉이 1,000만 엔(약 1억 원)이 넘었다고 합니다. 그런데 정년퇴직을 하자 연금 생활이 시작된 것이지요. 연금 생활이기는 해도, 기업 연금 등을 합치면 연간 300만 엔이 넘는 돈을 받는다고 합니다. 집 대출도 퇴직금으로 다 갚았고, 두 자식은 이미 독립했습니다. 부부 둘이서 살기에 300만 엔이면 충분할 텐데 그 정도의 돈으로는 만족할 수 없었나 봅니다.

"왜 그렇게 돈이 필요하지? 대출도 없고, 부부 둘이 생활하기에

그 정도면 충분할 텐데"라고 친구가 묻자, 그는 이렇게 답했다고
합니다.

"이걸로는 부족해. 가끔 긴자銀座에서 술도 마셔야 하지 않나?"

정도의 차이는 있지만 이런 식의 불만을 가진 사람이 꽤 많을
것입니다. 직장 생활을 할 때와 같은 감각으로 돈을 쓰고 있는 것
입니다.

직장 생활을 할 때와 같은 생활을 하고 싶다면 그때와 똑같이
돈을 벌어야 합니다. 그것이 불가능하다면 소비 패턴을 바꿀 수밖
에 없습니다. 이렇게 간단한 사실을 왜 모르는 걸까요? 그것은 욕
망이 비대해졌기 때문입니다.

지족知足이라는 유명한 선어가 있습니다. '만족할 줄 안다'는 의
미입니다. 이것저것 다 가지려 하는 것이 아니라, 지금 이대로도
충분하다고 생각하는 것이 바로 '지족'입니다.

인간의 물욕은 끝이 없습니다. 갖고 싶은 것을 손에 넣었어도
그것으로 만족하지 못하고 또 다른 것을 갖고 싶어 하지요. 머릿
속으로는 별로 필요하지 않다고 생각하지만, 갖고 싶다는 욕망 앞
에 그만 무릎을 꿇고 맙니다. 그리고 그 욕망이 이루어지지 않으
면 불행하다고 느낍니다. 인간의 욕망이란 그렇게 점점 비대해져
갑니다.

그렇게 비대해진 욕망 안에 행복은 깃들 수 없습니다. 영원히 만족하지 못하기 때문에 영원히 만족감을 얻지 못합니다. 이보다 더 큰 불행은 없을 것입니다. 따라서 '이제 나는 이것으로 만족한다'라는 마음을 가져야합니다. 그것이 '지족'입니다.

인생의 내리막길에 들어서서 가장 먼저 해야 할 일은 이제까지 품어 온 욕망을 정리하는 것입니다. '갖고 싶다'라는 마물魔物에게서 자신의 마음을 해방시켜야 합니다.

인생을 하산할 때야 비로소 자신의 분수에 맞는 생활을 할 수 있게 됩니다. 오르막길일 때는 허세를 부리며 비싼 정장을 사 입기도 합니다. 속으로는 낭비라고 생각하지만 남들의 시선을 신경 쓰느라 무리를 하는 것이지요. 바로 그런 허세가 자신의 마음을 괴롭힙니다.

그런데 하산을 할 때는 자신의 진짜 모습이 보이게 됩니다. 그렇기 때문에 '나에게는 이게 잘 어울려', '이걸로 충분해'라는 마음을 가질 수 있는 것이지요. 그런 마음을 가진다면 자신에게 맞는 속도로 무사히 하산할 수 있습니다.

돈이란 중요한 것입니다. 우리 생활과 사고방식을 좌지우지하는 경우도 있습니다. 그렇게 중요한 것이니 자신에게 맞는 소비를 해야 합니다.

돈에 휘둘리며 중요한 것을 잃어서는 안 됩니다. 돈이 많다고 해서 행복해지는 것은 결코 아닙니다. '이 정도면 충분하다'라는 마음을 가지면 돈의 가치가 더욱 커질 것입니다.

白雲自在

어디에도 얽매이지 않는 흰 구름처럼
자유로운 모습이 본래의 모습이다

2장

하산할 때의 마음 정리

일부러
애매하게 하는
지혜

매사를 양자택일로 생각하지 않는 것이 선의 근본적인 사고입니다.

좋은가 나쁜가. 옳은가 그른가. 좋은가 싫은가. 이 일을 해야 하는가 그만둬야 하는가. 이렇듯 우리는 매사를 양자택일로 생각하려는 경향이 있습니다. 하나의 대답을 찾아야 한다는 강박관념에 사로잡혀 있기 때문입니다.

특히 회사에서 일을 하다 보면 매일같이 이런 선택을 강요받게 됩니다. 회사의 업무란 어느 한쪽을 선택하지 않으면 일이 진전되지 않는 경우가 많기 때문에 충분히 생각할 시간도 주지 않고 당장 하나의 답을 찾아내라고 요구하곤 합니다.

이것은 회사라는 특성상 어쩔 수 없는 일입니다. 하지만 이런 습관이 몸에 배어 버리면 은퇴를 한 후에도 양자택일의 발상에 얽매여 옴짝달싹 못 하게 됩니다. 숨 쉴 여유조차 없어집니다.

당장 뭔가를 결정해야 한다는 발상을 멈춰야 합니다. 회사에서 하는 일들은 대체로 옳고 그름이 명확히 구별되기 때문에 해야 할 일과 하지 말아야 할 일이 확실히 구분됩니다. 하지만 그것은 어디까지나 회사에서 일을 할 때의 이야기입니다. 우리 인생에는 어느 한쪽으로 결정지을 수 없는 일들이 많이 있습니다. 뿐만 아니라 굳이 결정할 필요가 없는 일들도 존재하지요.

예를 하나 들어 보겠습니다. 정년퇴직을 한 후에 어디서 살지를 고민하는 부부가 많습니다. 이것은 매우 중요한 문제여서 부부의 의견이 서로 다를 수 있습니다. 남편은 자신의 고향으로 내려가서 살고 싶어 하지만, 아내는 아무런 연고도 없는 곳에서 살고 싶지 않습니다. 아내는 지금 살고 있는 곳에 정이 많이 들어 낯선 곳으로 이사 가고 싶지 않은 것이지요. 이럴 때 부부 싸움이 생기곤 합니다.

양쪽의 주장 모두에 일리가 있습니다. 남편의 마음도 이해가 가고, 아내의 마음도 이해가 갑니다. 즉, 이것은 양자택일이 불가능한 문제인 것입니다. 어째서 이런 문제로 부부가 다투는 걸까요? 그 원인은 두 사람의 마음이 뭔가를 결정짓고 있기 때문입니다.

남편은 '아내는 남편이 가는 곳으로 따라가는 것이 당연하다'라고 결정짓고 있으며, 아내는 '부부니까 함께 사는 것이 당연하다'라고 마음속 어딘가에서 결정짓고 있는 것이지요. 이런 마음을 가지고 있기 때문에 의견 충돌이 생겨납니다.

지인 중에 일흔 살이 넘어 별거를 시작한 부부가 있습니다. 정년퇴직을 한 남편은 고향으로 돌아가고 싶어 했으나, 아내는 지금 살고 있는 곳에 계속 살고 싶어 했습니다. 고향으로 돌아갈 것인가, 지금 살고 있는 곳에서 계속 살 것인가. 어느 한쪽으로 결정짓지 못한 채 몇 년이 흘렀습니다.

그러는 동안 남편의 마음이 조금씩 움직였습니다. '아내를 억지로 고향으로 데리고 갈 필요는 없지. 따로 살아도 마음만 이어져 있다면 그걸로 충분해'라는 생각이 들기 시작한 것입니다. 그래서 남편은 자신의 고향에 집을 구했습니다.

물론 고향으로 내려간 것은 남편 혼자였습니다. 아내는 지금 살고 있는 곳에 계속 살기로 했습니다. 남편은 가끔 아내가 있는 곳으로 돌아왔고, 아내도 종종 남편을 만나러 내려갔습니다. 그런 생활에 두 사람 모두 만족했고, 몹시 홀가분하고 편안한 부부관계가 탄생했다고 합니다.

이것은 부부관계를 살짝 애매하게 만든 예라 할 수 있겠습니다. '부부란 이래야 한다', '부부니까 이렇게 하지 않으면 안 된다'라는 식의 결정은 그만두고, 서로가 만족할 수 있는 방법을 찾아야 합니다. 인생의 내리막길에는 그런 애매함이 필요합니다.

매사를 애매하게 만드는 것은 상대방을 받아들일 마음의 준비이기도 합니다. 자신의 생각을 상대에게 강요하지 말고 '아, 그것도 괜찮겠구나' 하고 허용할 줄 아는 도량을 키워야 합니다.

서로의 의견이 다를 때 어느 한쪽으로 결정지으려 하니까 다툼이 생겨나는 것입니다. 무리해서 한쪽으로 결정짓지 말고 애매한 채로 그냥 내버려 두는 것도 나이를 먹은 사람의 지혜입니다.

이것은 비단 부부관계에서만이 아닙니다. 친구 사이, 지역사회에서의 인간관계 그리고 부모자식 간에도 마찬가지입니다. 억지로 어느 한쪽으로 결정짓지 말고 둘 다 괜찮다고 생각합시다. 어느 한쪽으로 결정지어 봤자 결과는 크게 달라지지 않습니다. 우리의 인생에는 정답이란 것이 없기 때문에 굳이 정답을 찾을 필요가 없습니다. 좀 더 여유를 가지고 생각하는 것이 '살아가기 쉬워지는' 방법입니다.

직함과 자부심을
버릴 것

———

방하착放下着이라는 선어가 있습니다. 깨달음을 얻기 위해서는 모든 것을 버려야 한다는 선의 가르침이지요. 뭔가에 집착하는 마음, 자부심 그리고 사리분별조차 다 버리고 마음을 완전히 비워야 합니다.

한 제자가 스승에게 물었습니다.

"스승님께서 말씀하셨듯이 저는 모든 것을 버렸습니다. 이제 제 안에 버릴 것은 아무것도 없습니다. 더 이상 무엇을 버려야 합니까?"

그러자 스승은 이렇게 대답했습니다.

“모든 것을 버렸다는 생각조차 버려라.”

이것은 선문답이기 때문에 일반인들이 이런 경지에 도달하기는 힘든 일입니다. 또한 그 정도로 모든 것을 버릴 수도 없을 것입니다.

하지만 인생의 내리막길에 접어들었을 때 반드시 버려야 하는 것이 있습니다. 그것은 회사에서 받았던 직함과 ‘나는 전에 이런 일을 했던 사람이다’라는 자부심입니다. 이것을 애지중지 가지고 있어 봤자 아무런 득이 되지 않습니다. 오히려 내리막길에 방해가 될 뿐이지요.

예를 들어 보겠습니다. 정년퇴직을 하고 취미 생활을 할 목적으로 동호회에 들어간 사람이 있습니다. 그런데 그곳에서 “나는 대기업에서 부장까지 했던 사람이다”, “이러저러한 큰 프로젝트를 성공시켰다”라며 거드름을 피우며 주변 사람들을 부하 직원 다루듯이 한다면 어떨까요? 정말이지 추한 모습일 것입니다.

예전에 높은 자리까지 올랐었다, 중요한 업무를 맡았었다. 물론 그것은 훌륭한 일입니다. 자신이 걸어온 길을 자랑스럽게 여김으로써 충실감을 느낄 수 있을 것이며, 그것은 생을 지탱하는 프라이드가 되어 줄 것입니다. 그것까지 완전히 버리는 것은 상당히 어려운 일입니다. 하지만 그것은 마음속 깊은 곳에 잘 간직해 두면 됩니다.

생각해 보십시오. 당신에게 주어졌던 직함. 그것은 그 회사와 업계에서만 통하는 것이지 않습니까? 그것은 오르막길에 필요했던 것입니다. 오르막길에서 중요했던 것이 내리막길에서도 똑같이 통하는 것은 아닙니다. 오르막길과 내리막길은 완전히 다른 세계입니다.

오르막길에서 발견한 반짝반짝 빛나는 돌은 내리막길에서 그 빛을 완전히 잃고, 아무 데나 굴러다니는 흔한 돌덩어리가 돼 버립니다. 그 돌을 꺼내 모두의 앞에서 자랑스럽게 "이거 어때? 아름다운 돌이지?"라며 보여 줘 봤자, 다른 사람의 눈에는 그저 평범한 돌일 뿐입니다. 과거의 직함에 집착하는 것은 이런 것입니다.

오르막길에는 오르막길에서의 보물이 있고, 내리막길에는 또 내리막길에밖에 없는 보물이 있습니다. 그것을 찾는 노력을 해야 합니다.

오르막길에서 얻었던 직함을 보물처럼 소중히 여겨 봤자, 그것은 오르막길에서나 빛날 뿐 내리막길에 들어서면 점차 그 빛을 잃어 갑니다. 하지만 내리막길에서 발견한 보물은 목숨이 다하는 날까지 당신의 버팀목이 되어 줄 것입니다. 그것이야말로 진짜 보물이 아닐까요?

'모든 것을 버려라'라는 선의 가르침. 그것은 분명 오르막길에서 얻은 것을 버리라는 의미일 것입니다. 그것을 모두 버려야 비로소 내리막길에 있는 보물이 눈에 들어올 것입니다. 무거운 짐을 짊어진 채로는 새로운 것을 주울 수 없기 때문입니다.

푹 빠질 만한 것이
있습니까?

"지금 푹 빠져 있는 것이 있습니까?"라는 질문에 "저는 일에 푹 빠져 있습니다"라고 대답하는 사람이 있습니다. 개중에는 "저는 일이 취미예요"라고 대답하는 사람조차 있지요.

오로지 일, 일. 물론 그런 시기가 있는 것도 나쁘지 않지만, 그 일이라는 것이 영원히 지속될 거라 생각한다면 큰 착각입니다. 대부분의 사람은 일정한 나이가 되면 그때까지 버팀목으로 삼아 왔던 일을 빼앗기고 맙니다. 아무리 일을 더 하고 싶어도 예순 살이 넘으면 회사에서 쫓겨납니다. 언젠가 그런 날이 오리라는 것을 각오하고 있어도 막상 그렇게 되면 망연자실하게 되지요. 그토록 푹 빠져 있던 일을 빼앗긴 후에는 어떻게 살아야 될까요? 눈앞에 더 이상 길이 보이지 않을 때 우리는 어떻게 새로운 길을 모색하면 좋을까요?

가장 중요한 것은 자신이 푹 빠질 만한 뭔가를 찾는 것입니다. 유희삼매遊戱三昧라는 말이 있습니다. '자기 자신을 잊고, 완전히 그것에 몰입하다'라는 의미입니다.

이제까지 해 왔던 일에는 명확한 목적이 존재했을 것입니다. 예를 들어 회사의 이익을 올리기 위해, 성과를 내서 높은 평가를 받기 위해 그리고 가족을 부양하기 위해. 이렇듯 항상 어떤 목적을 위해 일을 해 왔을 것입니다. 그런데 목적이 명확히 존재한다는 것은 곧 결과를 신경 써야 한다는 것이기도 합니다. "저는 일이 취미예요"라고 말하는 사람도 당연히 결과를 신경 쓸 것입니다. 정말 취미라면 결과를 신경 쓸 필요가 없지만, 그것이 일이라면 당연히 결과를 신경 쓰게 될 것입니다. 그런 의미에서 "일이 취미"라는 것은 말도 안 되는 소리입니다.

'유희삼매'에서 말하는 '유희'란 단순히 놀이를 뜻하는 것이 아닙니다. 그것은 목적이나 평가가 존재하지 않는 세계를 의미합니다. 결과나 이해득실을 신경 쓰지 않고 단지 그것에 푹 빠져서 집중할 수 있는 세계지요.

‘삼매’란 우리가 흔히 ‘골프 삼매’, ‘낚시 삼매’라고 말할 때의 그 ‘삼매’가 아닙니다. 매일 골프와 낚시를 한다는 것이 아니라, 골프와 낚시를 할 때처럼 모든 것을 잊고 오로지 그것에만 집중하는 마음, 즉 어디에도 사로잡히지 않은 마음을 가리킵니다.

인생의 내리막길을 풍요롭게 만들어 주는 것이 바로 ‘삼매’의 경지입니다. 목적은 필요 없으며, 결과 따위 어떻게 돼도 상관없습니다. 또한 이해득실을 따질 필요도 없습니다. 그것이 취미든 뭐든 그저 모든 것을 잊고 푹 빠질 수 있는 뭔가를 가지고 있느냐 없느냐로 인생의 충실감은 크게 달라질 것입니다.

“취미 같은 것은 없다. 일 외에는 푹 빠질 만한 것이 없다”라고 말하는 사람은 일거리가 사라졌을 때 도대체 무엇을 하며 살아가야 할까요? 아마 퇴직한 후에야 허둥지둥 취미를 찾으려는 사람이 있을 것입니다. 하지만 그때는 너무 늦습니다. 시간을 충분히 들여서 자신이 푹 빠질 만한 일을 찾아내야 합니다. 퇴직하기 몇 년 전부터 찾기 시작하는 것이 좋습니다.

정 못 찾겠거든 어린 시절을 떠올려 보십시오. 아무런 계산도, 목적도 없이 그저 즐거운 일을 찾아다녔던 시절. 그 시절의 마음을 다시 한 번 떠올려 보는 것입니다.

곤충 채집, 강에서 물고기 잡기, 그림 그리기 등 어린 시절에는 누구나가 밥 먹는 것도 잊을 만큼 뭔가에 푹 빠져 있었을 것입니다. 아무런 계산도 없던 그 시절의 자신을 떠올려 보십시오.

분명 그 속에 힌트가 숨겨져 있을 것입니다. '아, 나는 곤충 채집을 좋아했었지. 그렇다면 이제부터 곤충 연구를 해 볼까?', '그러고 보니 한때 그림만 그리던 시절이 있었어. 오랜만에 도화지를 꺼내 볼까?' 이렇게 작은 힌트에 의지해서 일단 행동으로 옮겨 보는 것입니다.

목적 같은 것은 필요 없습니다. 누군가의 강요 때문도 아닙니다. 정말로 자신이 하고 싶은 것을 하면 됩니다. 내리막길에서는 시간이 충분히 있습니다. 마음에도 여유가 생겨나지요. 힘들게 자유 시간을 얻었는데 잘 살리지 못한다면 너무나 아까운 일입니다. 어떤 의미에서 하산의 시기란, 인생에서 가장 풍요로운 계절이라 할 수 있겠습니다.

'내가 푹 빠질 만한 일이 뭘까?' 하고 스스로에게 물어보십시오. 어린 시절의 자신과 대화를 나누면서 자유롭게 그리고 마음껏 자신만의 '삼매'를 찾아봅시다.

이제까지 깨닫지 못한 능력이 있다

나이를 먹으면 여러 가지 능력이 쇠퇴하고, 그때까지 잘할 수 있던 것들을 하지 못하게 될 거라고 생각하는 사람이 많습니다.

확실히 체력적인 면에서는 쇠퇴합니다. 젊을 때는 밤샘 작업도 크게 힘들지 않았는데 나이가 들수록 점차 힘들어집니다. 기억력도 떨어져서 다른 사람의 이름을 깜빡하기도 합니다.

이러한 신체적 쇠퇴를 느꼈을 때 '아, 나도 이제 나이를 먹었구나'라며 안타까워하는 경우가 있습니다.

하지만 인간의 능력에는 한계가 없습니다. 설령 체력이 쇠퇴한다 해도 그것을 커버할 만한 새로운 능력이 생기게 되지요. 다양한 인생 경험을 통해 자연스럽게 체득한 새로운 능력을 갖추게 되는 것입니다. 인간이란 그렇게 만들어져 있습니다. 다만 그 새로운 능력에 관심을 두지 않을 뿐이지요.

한 커리어 우먼이 있었습니다. 열심히 일해서 회사에서 높은 평가를 받고 있는 여성이었지요. 그런 그녀가 잠시나마 쉴 수 있는 시간은 꽃꽂이를 하는 시간이었습니다. 꽃꽂이를 하는 순간만큼은 마음이 평화로워졌습니다. 원래 뭐든 열심히 하는 성격이었기 때문에 꽃꽂이 솜씨는 일취월장했습니다.

그런데 그녀가 꽃꽂이에 조예가 깊다는 사실이 사내에 알려지자, 후배들이 가르쳐 달라고 부탁을 해 왔습니다. 그래서 그녀는 가끔씩 후배들에게 꽃꽂이를 가르쳐 주곤 했습니다. 하지만 아무래도 회사라는 공간에서 후배들을 가르치다 보니 어쩐지 일의 연장선처럼 느껴졌습니다. 꽃꽂이를 가르치는 것이 아니라 마치 업무 지도를 하고 있는 것 같은 기분이 들어서 잘 따라오지 못하는 후배를 보면 짜증이 났습니다. 그래서 자신에게는 누군가를 가르치는 재능은 없다고 생각하게 됐지요.

몇 년 후 그녀는 정년을 맞이해서 인생의 내리막길에 접어들었습니다. 딱히 할 일도 없고 해서 즉흥적으로 꽃꽂이 교실을 열었습니다. 자신에게는 가르치는 능력이 없다고 생각했지만, 시간을 때우기에는 그보다 더 좋은 것이 없을 것 같았습니다.

그런데 막상 꽃꽂이 교실을 열자, 얼마 지나지 않아 수강생이 눈덩이처럼 불어났습니다. 그녀가 잘 가르친다는 입소문이 나서 수강생이 늘어난 것이지요. 누구보다 놀란 것은 그녀 자신이었습니다. 자신에게는 가르치는 능력이 없다고 생각했는데 이게 어찌 된 일일까요?

그 이유는 간단했습니다. 바로 그녀 자신이 변했기 때문입니다. 정년퇴직을 한 후 그녀의 마음에는 여유가 생겨서 예전처럼 사소한 일에 예민해지지 않았고, 기억력이 나쁜 학생이 있어도 천천히 정성껏 가르칠 수 있었습니다.

한마디로 그녀는 회사를 다닐 때와 전혀 다른 자신의 모습을 발견하게 된 것이지요. 그리고 그와 동시에 새로운 능력을 꽃피울 수 있었습니다. 이렇듯 회사를 떠나고 나서 자신의 새로운 모습과 만나게 되는 사람이 많이 있습니다.

생각해 보면 직장에서 일을 할 때의 능력이라는 것은 몹시 좁은 범위의 것입니다. 예를 들어 영업 사원은 영업 실적이 올라야 능력이 있다는 평가를 받으며, 영업 실적이 오르지 않으면 능력이 없다는 소리를 듣습니다. 하지만 그것은 회사가 제멋대로 갖다 붙이는 평가에 지나지 않습니다.

본래 인간이 가지고 있는 능력이란 다른 사람과 비교할 수 없는 고유의 것입니다. 저마다 다른 능력을 가지고 있기 때문에 비교하려 해도 할 수가 없는 것들이지요. 그 사람이 가지고 있는 능력이란 곧 그 사람 자신입니다.

한창 오르막길을 오르는 시기에는 언제나 타인과의 비교가 뒤따르기 마련입니다. 하지만 내리막길에서는 타인과 비교할 필요가 없습니다. 또한 오르막길에서 필요한 능력과 내리막길에서 필요한 능력은 크게 다릅니다.

인생의 하산을 시작했을 때 '나에게 진정 필요한 능력은 무엇인가?'라는 질문을 던져야 합니다. 그 대답 속에 이제껏 깨닫지 못했던 '새로운 자기 자신'과 '새로운 능력'이 있을 것입니다. 이렇듯 새로운 자기 자신과의 만남이 있기 때문에 하산의 여정은 즐거운 것입니다.

불편함을 즐기는
마음을 가지다

인생의 내리막길에 접어들면 자유 시간이 많아집니다. 이제까지 하지 못했던 일도 실컷 할 수 있고, 가고 싶었던 곳에도 갈 수 있습니다.

그런데 그런 자유 시간을 마음껏 즐길 수 있는 사람도 있지만, 많은 자유 시간을 주체하지 못하는 사람도 있습니다. 가만히 보면 후자 쪽이 더 많은 것 같습니다.

아침에 일어났는데 갈 곳이 없습니다. 딱히 할 일도 없습니다. 그래서 하루 종일 텔레비전 앞에만 앉아 있지요. 그렇게 지내다 보면 서서히 불안감이 고개를 치켜듭니다. '내 인생은 이제 어떻게 되는 걸까?', '앞으로는 무엇을 목표로 살아가야 하지?' 이런 고민을 하다 보면 서서히 우울해집니다.

이렇게 아무 하는 일 없이 멍하니 시간을 보내다 보면 치매에 걸리는 경우도 있습니다. 치매 전문의가 말하기를, 치매는 유전이나 특별한 질환이 아니라 그 사람의 생활 습관에서 비롯되는 병이라고 합니다. 아무 하는 일 없이 지내다 보면 뇌가 점점 축소되어 갑니다. 즉, 활기찬 생활 습관을 유지한다면 치매에 걸릴 위험이 적어지는 것이지요.

실제로 농업이나 어업 등 1차 산업에 종사하는 사람들은 치매에 잘 걸리지 않는다는 통계 자료가 있습니다. 그들은 자연을 상대로 하기 때문에 한시도 쉬지 않고 일을 해야 합니다. 예를 들어 오늘 잡초를 뽑아 두지 않으면 밭이 망가집니다. 또한 내일 작물을 수확하지 않으면 그 작물을 못 쓰게 됩니다. 이렇듯 매일매일 그날 꼭 해야 하는 일들이 있다 보니 쓸데없는 것을 생각하고 있을 여유가 없습니다. 한시도 쉬지 않고 몸과 머리를 움직여야 하기 때문에 장래에 대한 불안감을 푸념하고 있을 시간이 없는 것이지요.

선승들의 운수 수행도 이와 비슷합니다. 선 수행이란 실로 엄격한 것이어서 매시간마다 해야 할 일들이 정해져 있습니다. 아침에 일어나서 잠자리에 들 때까지 자유 시간은 거의 없습니다. 아주 잠시 주어지는 자유 시간조차 작업복을 꿰매거나 도구 손질을 하는 데 씁니다. 그러다 보니 불안감이나 욕망이 끼어들 틈이 없습니다. 잡념 없는 하루하루를 보내게 되는 것이지요.

그렇다면 어째서 시간을 주체하지 못하는 사람들이 늘어나게 되었을까요? 그것은 편리한 도구가 많이 생겨났기 때문입니다. 예를 들어 방 청소만 해도 예전에는 먼저 빗자루로 쓸고 나서 걸레질을 했습니다. 모든 방을 그렇게 청소하는 데 1시간은 족히 걸렸을 것입니다. 그런데 지금은 청소기로 10분이면 모든 방의 청소가 끝나 버립니다. 또한 청소기를 직접 돌리지 않아도 로봇 청소기가 알아서 청소를 해 주기도 합니다.

또한 뭔가 필요한 물건이 있어도 일부러 가게까지 사러 갈 필요가 없어졌습니다. 컴퓨터로 클릭만 하면 다음날 원하는 물건이 집까지 배달됩니다. 자신의 몸과 머리를 사용하지 않아도 생활할 수 있는 시대인 것이지요.

편리한 도구를 사용하는 것이 나쁘다는 소리가 아닙니다. 아이를 키우느라 시간에 쫓길 때 그런 도구들은 매우 고마운 존재일 것입니다. 전자레인지 덕분에 식사 준비 시간이 크게 절약되고, 컴퓨터 덕분에 비가 오는 날 굳이 장을 보러 가지 않아도 물건을 살

수 있게 되었습니다.

눈코 뜰 새 없이 바쁜 시기에는 이런 편리한 도구를 이용해서 시간을 활용하는 것도 좋습니다. 하지만 절약된 그 시간을 아무 하는 일 없이 무의미하게 보낸다면 쓸데없는 불안과 스트레스만 생겨나서 오히려 마이너스가 될지 모릅니다.

너무 편리성만 추구하지 말고 약간의 불편함은 즐기는 마음을 가져야 합니다. 갖고 싶은 것이 있으면 컴퓨터로 주문하지 말고, 자신의 두 다리로 직접 걸어서 사러 갑시다. 전철을 타고 창밖의 풍경을 바라보며 가게까지 가는 것입니다. 그 풍경을 보며 사계절을 느끼는 것만으로도 마음이 풍요로워질 것입니다.

겨울에는 걸레의 물기를 손으로 꼭 짜서 방바닥을 닦아 봅시다. 일주일에 한 번이라도 좋으니 자신의 몸을 이용해 청소를 해 보는 것입니다.

차가운 물에 손을 넣으면 마치 얼어 버릴 듯 손이 저릿해집니다. 자신도 모르게 몸이 부르르 떨리지요. 그 젖은 걸레를 맨손으로 꼭 쥐어짜면 손바닥에 그 감촉이 고스란히 스며듭니다. 이렇게 직접 몸으로 느끼는 것은 자신이 살아 있다는 실감으로 이어집니다. 그리고 살아 있다는 실감을 통해 자연스레 감사하는 마음이 생겨날 것입니다. 그것이 우리 인간입니다.

　로봇 청소기가 아무리 편리해도 로봇에게 감사하는 마음이 드는 일은 없을 것입니다. 하지만 젖은 걸레를 꽉 쥐어짠 자신의 손에는 분명 감사의 마음이 솟아날 것입니다.

건강 수치에
사로잡히지 않기

인생의 내리막길에서 가장 신경이 쓰이는 것이 있다면 역시 건강일 것입니다. 모처럼 즐거운 내리막길인데 병에 걸린다면 내 뜻대로 걸을 수가 없게 됩니다. 다른 무엇보다 건강이 최고라는 것을 실감하게 되는 시기이지요.

하지만 쓸데없이 병을 두려워할 필요는 없습니다. 현대는 의학의 진보에 따라 신체의 모든 부분을 수치화할 수 있게 되었습니다. 건강 검진을 하러 가면 혈압이 높다든지 콜레스테롤 수치가 높다면서 의사가 코앞에 숫자를 들이밉니다. 그 숫자를 보면 자신이 마치 병에 걸렸다는 선고를 받은 것 같은 기분이 들지요. 물론 건강 상태를 수치화하는 것이 나쁘다는 것은 아닙니다. 다만 그것에 너무 사로잡혀 쓸데없는 걱정을 하는 것이 문제입니다. 쓸데없는 걱정은 우리의 건강을 더 나쁘게 만들 뿐입니다. 자신의 몸 상태는 스스로 느끼는 것이 가장 중요하지 않나 싶습니다.

우리의 몸 상태는 수시로 변합니다. 오전에는 기운이 넘쳤는데 오후가 되자 갑자기 기운이 없어지기도 합니다. 수면 시간만 하더라도 어떤 날은 4시간밖에 못 잤는데도 활기에 넘치고, 어떤 날은 6시간을 푹 잤는데도 몸이 축 처지고 나른한 경우가 있습니다. 이렇듯 신체 변화라는 것은 단순히 숫자만으로는 다 표현할 수 없는 것입니다.

저는 스스로 그날의 건강 상태를 체크하는 기준을 가지고 있습니다. 그것은 매일 아침 독경을 할 때 저만이 느끼는 것입니다. 소리 내서 불경을 읽을 때의 첫마디로 그날의 컨디션을 알 수 있습니다. 목소리가 부드럽고 활기차게 나오면 '아아, 오늘은 컨디션이 좋구나'라고 생각합니다. 반대로 목소리가 탁하거나 목에서 소리가 잘 나오지 않는 날에는 '오늘은 몸 상태가 좋지 않으니까 조심하며 하루를 보내야겠다'라고 생각합니다.

물론 주변 스님들은 그 차이를 알아채지 못할 것입니다. 저만이 알아챌 수 있는 변화지요.

자신만 알 수 있는 건강 상태의 변화. 그것은 누구나 느낄 수 있는 것입니다. 매일 아침 출근하며 지하철 역의 계단을 오르내릴 때, 발걸음이 가벼운 날도 있고 어쩐지 무거운 날도 있지 않습니까? 그런 변화를 간과해서는 안 됩니다. 언제나 자신의 몸이 말해 주는 소리에 귀를 기울여야 합니다. 물론 1년에 한 번 받는 건강검진도 중요하지만, 그보다 더 중요한 것은 매일매일 자기 몸의 변화를 알아채는 것입니다.

지인 중에 한 남성이 이런 이야기를 해 준 적이 있습니다.

"여든이 넘으신 어머니께서 단것을 매우 좋아하십니다. 특히 만주(밀가루 반죽에 팥소 등을 넣어서 찌거나 구운 과자)를 너무나 좋아하셔서 하루에 한 개씩 드시는 것이 큰 낙이셨지요. 그런데 이날부터 전혀 드시질 않는 겁니다."

그것은 병원에서 의사가 "혈압이 높으시니 단것은 삼가세요"라는 말을 한 후였다고 합니다. 원래도 혈압이 조금 높았던 터라 항상 신경을 쓰셨다고 합니다. 그래서 의사의 말을 들은 후로 유일한 낙이었던 만주를 더 이상 드시지 않게 된 것이지요.

"그래서 제가 어머니께 이렇게 말했어요. 이제 여든도 넘으셨으니 혈압이 조금 높아도 어쩔 수 없는 일이에요. 혈압보다 먹고 싶은 것을 참으며 스트레스를 받는 것이 건강에 더 나빠요. 대신

앞으로는 이틀에 하나씩 양을 조절하면서 드시면 아무 문제 없을
거예요."

아들의 말에 어머니께서는 안심하고 다시 만주를 드시기로 하
셨다고 합니다. 그리고 그로부터 1년이 지난 지금, 어머니의 혈압
은 더 이상 높아지지 않았다고 합니다.

건강 검진에서 보여 주는 수치 혹은 세상에 넘쳐나는 의학 정
보. 그것을 아는 것도 물론 중요합니다. 때로는 그것을 참고하는
유연함도 필요하지요. 하지만 자기 몸은 자기밖에 알 수 없는 경
우가 있습니다. 그렇기 때문에 몸이 하는 소리에 귀를 기울이는
것이 중요합니다. 자신만이 알 수 있는 기준을 가져야 합니다. 결
국 자신의 건강을 지킬 수 있는 것은 다른 누구도 아닌 자기 자신
이기 때문입니다.

몸도 마음도
멋지게 살아가다

불교에 삼업三業이라는 말이 있습니다. 여기서 말하는 세 가지의 업業이란 신업身業, 구업口業, 의업意業을 일컫습니다.

신업身業이란 몸을 바르게 하는 것입니다. 이것은 바른 행동거지와 단정한 옷차림을 신경 써야 한다는 의미입니다. 유행을 좇거나 비싼 명품을 입으라는 소리가 아니라, 단정하게 옷을 입고 남들에게 깔끔한 인상을 주라는 것이지요. 예를 들어 출근할 때는 깔끔하게 다림질을 한 와이셔츠를 입고, 구두를 정성껏 닦고, 손수건도 자주 빨아서 써야 합니다. 또한 머리를 깔끔하게 정리하고, 수염도 단정하게 깎는 것이 좋습니다. 이것은 매우 당연한 것 같지만 의

외로 무관심한 사람이 많습니다.

20대나 30대라면 와이셔츠에 구김이 가도 크게 신경을 쓰지 않을지 모르겠습니다. 젊다는 이유만으로 주변에서 관대하게 봐 주곤 하지요. 하지만 인생의 내리막길에 접어든 사람이라면 옷차림에 신경을 써야 합니다. 20대 남성의 구두는 더러워도 사람들이 호의의 눈길로 바라봐 주지만, 예순이 다 된 남성의 구두가 더러우면 칠칠치 못한 사람이라고 생각할 것입니다. 옷차림이 칠칠치 못하면 그 사람의 인생 자체가 칠칠치 못해 보일 수 있습니다.

인생이라는 산을 내려갈 때에야말로 가장 멋스러워야 합니다. 설령 정년퇴직을 해서 회사에 갈 일이 없다고 해도 트레이닝복 차림으로 거리를 돌아다니지 않는 것이 좋습니다. 고가의 양복까지는 아니더라도 단정한 옷을 입어야 합니다. 어떤 사람은 "남들에게 내가 어떻게 보이든 상관없다"라고 말을 합니다. 하지만 그것은 잘못된 생각입니다. 우리는 무인도에 살고 있는 것이 아니라 많은 사람들 속에서 살아가고 있습니다. 그러니 타인의 시선을 느끼며 살아가는 것은 당연한 일이지요. 타인의 시선을 무시하는 것은 사회생활을 거부하는 것과 같습니다.

다음은 구업口業입니다. 이것은 아름답고 따뜻한 말투로 말을 하라는 의미입니다. 생각한 것을 바로바로 입 밖으로 꺼내는 것이 아니라 한 번 더 생각했다가 말로 전하는 것이지요. 어떻게 하면 상대방에게 자신의 마음이 잘 전해질지 곰곰이 생각한 후, 단어를 잘 선택해서 전달하는 것이 '구업'입니다.

많은 사람들이 나이를 먹으면 저절로 마음이 온화해질 것이라고 생각합니다. '우리 할아버지, 할머니는 온화한 분들이셨어'라며. 그렇지만 이것은 커다란 착각입니다. 아무리 나이를 먹었어도 희노애락喜怒哀樂을 느끼는 것은 마찬가지이기 때문에 분노를 느끼기도 하고 슬픔에 빠지기도 합니다. 화가 나서 마구 소리를 지르고 싶어지는 순간도 있을 것입니다. 하지만 '구업'을 수행한 사람이라면 상대방을 온화한 태도로 대할 수 있습니다. '구업'을 익히지 못한 사람은 내리막길에서조차 자신의 감정을 다 드러내 버리지요. 그것은 너무 추한 모습입니다.

젊은 사람들과 같은 장에서 싸워서는 안 됩니다. 뭐든 가르치려 들지 말고, 젊은 사람들의 목소리를 잘 들어 주는 것이 중요합니다. 내리막길에 접어든 사람이라면 그들의 고민과 분노를 받아 줄 수 있습니다. 왜냐하면 자신도 젊었을 때 그와 같은 고민과 분노를 경험했을 것이기 때문입니다. 자신의 젊은 시절을 떠올리며 그 경험을 살려 젊은 사람들을 대해야 합니다. 한눈팔지 않고 부지런히 산을 올라가고 있는 젊은이들에게 산을 내려가면서 길을 가르쳐 주는 것. 그런 역할로 변해 가야 할 것입니다.

이러한 신업身業과 구업口業을 몸에 익힌 결과로써 의업意業에 도달할 수 있습니다. 의업意業이란 마음을 바르게 하는 것입니다. 하지만 마음만 바르게 하는 것은 무리입니다. 어떤 사람은 마음을 바르게 하고 싶다면서 트레이닝복 차림으로 좌선 모임에 나오는데 그런 사람은 아무리 좌선을 열심히 해도 바른 마음을 가질 수 없습니다. 단정한 옷차림으로 좌선을 해야 마음까지 바르게 되는 것입니다. 마음을 바르게 하려면 우선 몸가짐부터 신경을 써야 합니다. 그리고 바른 말을 사용해야 합니다.

내리막길에 들어서면 늘 이 삼업三業을 명심해야 합니다. 단정한 옷차림을 하고 몸가짐에 신경 쓰면서 등줄기를 곧게 펴고 걸으십시오. 누군가와 이야기를 나눌 때는 부드럽고 아름다운 말투를 사용하십시오.

이것을 명심한다면 많은 사람들이 당신을 흠모하여 주위로 모여들 것입니다. 그리고 그 안에서 따뜻한 인간관계가 탄생할 것입니다. "겉모습 따위는 중요하지 않다. 마음이 아름다우면 그만이다"라고 말하는 사람도 있습니다. 하지만 절대 그렇지 않습니다. 주변 사람들을 잘 둘러보십시오. 불결한 옷을 입고 있는 사람, 난폭한 행동을 하는 사람, 거친 말투로 다른 사람을 상처 주는 사람.

그런 사람 중에 과연 바른 마음을 가진 사람이 있을까요? 당신은
그런 사람과 친구가 되고 싶습니까? 나는 싫습니다.

백운처럼
마음을 자유롭게

현역現役이라는 산이 있다면, 그 산을 끝까지 내려온 지점에 과연 무엇이 있을까요? 이제 같은 높이의 산은 없고, 언덕보다 조금 높은 정도의 산이 여기저기에 있습니다. 이번에는 어느 산을 오를지 잠시 멈춰 서서 다음에 오를 산을 바라봅니다. 저는 인생이라는 산에 대해서 이런 이미지를 가지고 있습니다.

이제부터는 어느 산에 오르든 자유입니다. 밭일을 하며 살고 싶다면 그런 산에 오르면 되고, 낚시를 하고 싶다면 낚시라는 산에 오르면 됩니다. 자신의 솔직한 마음에 따른다면 그걸로 충분합니다. 그리고 만약 오르기 시작했는데 자신과 맞지 않는 것 같거나 또 다른 산에 올라가 보고 싶다면 다시 돌아오면 됩니다. 자신이 오르고 싶은 산을 자신에게 맞는 속도로 오를 수 있습니다. 이것은 현역이라는 산을 내려와야지만 가능해지는 것입니다.

선어 중에 백운자재白雲自在라는 말이 있습니다. 하늘에 떠 있는 흰 구름은 어디에도 얽매이지 않고 자유롭게 두둥실 떠다니는데, 그 자유로운 모습이 본래의 모습이라는 의미입니다. 인간의 마음 역시 본래 그렇게 자유로운 모습일 것입니다. 인간은 자신이 원하는 대로 살아갈 수 있습니다. 그런데 뭔가에 얽매이고 집착하면서 점차 그 자유로운 마음을 잃어 가는 것이지요.

'현역'이라는 산을 오를 때는 집착하고 싶지 않아도 집착할 수밖에 없는 것들이 있습니다. 출세에 집착하고 싶지 않아도 그것이 월급과 직결된다면 집착하지 않을 수가 없겠지요. 또 한 가족의 행복을 위해서 집착하게 되는 일도 있을 것입니다. 따라서 이 시기에는 백운과 같이 살아가기란 쉽지 않습니다.

인생에서 가장 험난하고 높은 산에서 내려왔을 때 우리는 많은 것에서 해방됩니다. 이제부터 진짜 자신의 인생이 찾아옵니다. 예를 들어 예순 살에 정년퇴직을 한다고 해 봅시다. 험난하고 높은 산에서 다 내려온 것이지요. 평균 수명을 생각한다면 그 후로도 20년이나 되는 시간이 남아 있습니다. 20년이라 하면 태어나서

스무 살이 될 때까지의 시간과 같습니다. 그렇게 생각한다면 결코 함부로 할 수 없는 시간이지요. 앞으로 20년이라는 소중한 시간 동안 자신이 정말로 오르고 싶었던 산에 오를 수 있습니다. 이것 이야말로 진정한 인생의 봄이 아닐까요?

백운과 같이 바람에 몸을 싣고 살아가면 됩니다. 여기서 말하는 바람이란 체면이나 유행, 주위 사람들이 아닙니다. 당신을 싣고 가는 바람이란 바로 당신 자신의 마음입니다. 즉 다음에는 어떤 산을 목표로 할지, 어느 정도 속도로 오르면 좋을지에 대한 대답은 당신 자신이 가지고 있는 것입니다. 누구도 당신을 좌지우지할 수 없습니다.

그리고 지금 꼭 말해 두고 싶은 것이 있습니다. 그것은 당신의 마음조차 한곳에 머물러 있지 않을 것이라는 점입니다. 이 세상의 모든 것은 변합니다. 영원히 변하지 않는 것은 없습니다. 그 진리를 깨닫는다면 하나의 일에 집착하지 않게 될 것입니다.

예를 들어 어떤 사람은 자신이 현재 살고 있는 곳에 강하게 집착을 합니다. '나는 무슨 일이 있어도 이곳을 떠나지 않겠다', '이곳은 내 마지막 보금자리다'라고. 물론 그 바람이 이루어진다면 다행이지만, 무리를 하면서까지 매달리는 것은 자신을 괴롭히는 일일 뿐입니다.

10년이 지나도 한결같이 같은 곳은 없습니다. 마을은 항상 변해 갑니다. 풍경도 바뀌고, 그곳에 있던 가게도 바뀌고, 사는 사람도 수시로 바뀝니다. 인간이란 그런 변화 속에서 살아가고 있습니다.

따라서 그런 변화를 거부하지 말고 자연스럽게 받아들이는 것이 좋습니다. 내가 원해서 오르기 시작한 산도 막상 올라보면 생각했던 것과 다르거나 밑에서 바라봤던 것과 전혀 다른 산인 경우가 있습니다. 어느 사이엔가 변화한 것이지요. 이것저것 생각하고 먼저 결정지으려 하지 말고 그저 변해 가는 것에 몸을 맡깁시다. 그런 삶 속에서 온화한 행복감을 느낄 수 있을 것입니다.

살게 하는 힘을
깨닫다

'인간은 스스로의 힘으로 살아가고 있는가, 그렇지 않으면 뭔가 커다란 힘이 인간을 살게 하는 것인가?'

이 물음은 옛날부터 존재했습니다.

아마 젊은 사람들 중에는 '당연히 내 스스로의 힘으로 살아가는 것이다'라고 대답하는 사람이 압도적으로 많을 것입니다. 인생의 오르막길일 때는 체력에도 자신이 있고, 언제나 미래에 대한 희망으로 가득하기 때문입니다.

감기에 걸려도 병원에 가지 않고 스스로의 체력으로 이겨 냅니다. 또한 힘든 일을 하고 나서도 금세 컨디션을 회복합니다. 이것이 젊음의 훌륭함이지요. 이 시기에는 자신의 힘으로 살아간다고 생각하는 것이 당연한 일입니다. 본능적으로 자신감에 넘치는 시기입니다.

그런데 나이를 먹을수록 체력은 쇠퇴해 갑니다. 자기 능력의 한계를 실감하기도 합니다. 그렇게 인생의 내리막길에 들어서는 순간, 자신을 '살게 하는' 힘을 깨닫게 됩니다.

잘 생각해 보십시오. 당신이 살아가고 있는 것은 당신이 의식하고 있기 때문입니까? 당신의 의지에 따라 심장이 뛰고, 신체의 각 장기들이 움직이나요? 물론 대답은 NO입니다. 인간이란 자신의 의지에 따라서 살아가고 있는 것 같지만, 실은 그렇지 않습니다. 뭔가 커다란 힘이 우리를 살게 하는 것이지요.

운명이라는 것이 있습니다. 아무런 나쁜 짓도 하지 않았는데 어느 날 갑자기 사고를 당하기도 하고, 고작 1분 차이로 안 좋은 사건에 휘말리는 경우도 있습니다. 2011년 동일본을 덮쳤던 엄청난 해일을 떠올려 보십시오. 그때, 살아남은 사람과 그렇지 못한 사람이 있습니다. 그 생과 사를 가른 것은 대체 무엇일까요?

지나간 일을 떠올리며 '그때 이렇게 했으면 좋았을 텐데'라고 후회하는 경우가 있습니다. 하지만 후회해 봤자 소용없습니다. 자신을 원망해 봤자 어쩔 도리가 없는 것입니다. 논리적으로 설명할

순 없지만 분명 운명이라는 것은 존재합니다. 거스를 수 없는 운명. 인간의 힘을 뛰어넘는 곳에 존재하는 커다란 힘. 그 힘의 존재를 깨달았을 때, 우리는 자신을 살게 하는 힘에 감사하게 됩니다.

인생의 내리막길에 들어서면 마이너스로 느껴지는 부분이 많이 나타납니다. 체력적으로도 힘들어지지요. 잔뜩 가지고 있던 플러스 면들이 마이너스로 변해 가는 현실과 맞닥뜨렸을 때, 우리는 살아갈 힘을 잃게 될지도 모릅니다.

마이너스를 얼마나 플러스로 바꿔 나갈 것인가. 마이너스의 이면에 있는 플러스를 어떻게 찾아낼 것인가. 그것이 선의 근본적인 사고입니다.

좀 더 자세히 설명해 보겠습니다. 도대체 플러스와 마이너스란 무엇일까요? 예를 들어 체력이 쇠퇴해 가는 것은 마이너스일까요? 물론 체력이 떨어지면 그때까지 할 수 있던 일들을 할 수 없게 됩니다. 예를 들어 밤을 새우는 등의 체력적으로 무리가 가는 일은 더 이상 할 수 없게 되지요. 하지만 밤을 새울 수 있다는 것이 과연 플러스일까요?

무리를 해도 괜찮기 때문에 그만 자신의 체력의 한계를 넘어 버리곤 합니다. 그래서 결국에는 몸이 축나고 정신이 병드는 경우가 있습니다. 그렇게 생각하면 체력이 좋다는 것이 반드시 플러스라고 할 수 없지요. 애초부터 체력에 자신이 없다면 스스로의 몸 상태를 신경 쓰며 무리하지 않고 살아갈 것입니다. 그리고 그 결과 건강한 몸과 마음을 유지할 수 있을 것입니다.

지금 만약 당신이 나이를 먹고 안 좋은 점이 늘어났다고 느낀다면, 그것을 좋은 방향으로 바꿔 나가려는 발상을 가져야 합니다. 모든 것에는 양면성이 있습니다. 플러스 면만 존재할 수 없으며, 마이너스 면만 존재하는 것도 아닙니다. 자신의 행동을 바꾸거나 혹은 관점을 바꿈으로써 모든 것에는 양면성이 있다는 것을 알게 됩니다. 처음에는 마이너스라 생각했던 것도 조금만 관점을 바꾼다면 플러스로 보일 것입니다. 그것이 바로 인생입니다.

만약 병에 걸리면 당장 그 고통에서 벗어나고 싶을 것입니다. 이렇게 고통을 겪을 바에는 차라리 죽는 게 낫다고 생각할지도 모릅니다. 하지만 그 괴로움조차 살아 있기 때문에 느낄 수 있는 것입니다. 죽어 버린다면 괴로움도 슬픔도 느낄 수 없습니다. 아무리 고생스럽고 슬퍼도 그것은 살아 있기 때문에 느낄 수 있는 것입니다. 그 괴로움의 이면에 있는 '살아 있다'라는 행복감을 느끼길 바랍니다.

40년간 환자를 치료해 온 한 의사가 있었습니다. 그동안 셀 수 없을 만큼 많은 죽음을 목격하고, 고통에 몸부림치는 환자들의 목소리를 들어 왔지요. 그 의사는 이렇게 말했습니다.

"차라리 죽고 싶다고 말하는 환자들을 많이 봐 왔습니다. 의사로서 더 이상 아무것도 해 줄 수 없는 상태의 환자들을 보며 40년간 늘 안타까운 마음을 가지고 살았지요. 하지만 딱 한 가지 제가 굳게 믿고 있는 것이 있습니다. 그것은 아무리 죽고 싶다고 말하는 환자라도 진심으로 죽음을 원하는 사람은 한 명도 없다는 것입니다. 누구나 조금이라도 더 오래 살고 싶어 합니다. 그 믿음이 있었기 때문에 의사로의 괴로움을 조금이나마 떨칠 수 있었습니다."

우리는 언젠가 죽음을 맞이합니다. 죽지 않는 사람은 없습니다. 그렇기 때문에 언제나 죽음과 마주하고 있다는 기분을 잊어서는 안 됩니다. 죽음과 마주한다는 것은 곧 자신이 살아 있다는 사실과 진지하게 마주하는 것이기도 합니다.

'선의 정원'에
도달한 사람들

나는 직접 '선禪의 정원'을 디자인하고 있습니다. 전 세계에서 빌딩과 개인 주택, 맨션 등에 '선의 정원'을 만들어 달라는 의뢰가 들어옵니다. 각국의 내로라하는 부호들의 의뢰도 있습니다. 나는 절의 주지이고 대학에서 강의도 맡고 있기 때문에 모든 의뢰를 다 받아들일 수는 없지만, 시간이 허락하는 한 세계 각국을 날아다니며 정원 디자인을 하고 있습니다. 이렇게 의뢰를 받아 일을 하다 보면 나 자신도 몰랐던 것을 새롭게 발견하게 되는 경우가 있습니다. '선의 정원'에는 만드는 사람의 정신세계가 반영되기 때문에 의뢰인의 심리 상태가 고스란히 드러납니다. 그들이 원하는 것에는 인간의 본질이 숨어 있습니다.

어느 날, 한 외국인 부부가 우리 절에 찾아왔습니다.

"전철을 타고 오셨습니까?"라고 묻자, "숙소가 있는 하코네箱根에서 택시로 왔습니다."라고 대답했습니다. 하코네에서 요코하마橫浜까지의 거리는 꽤 멀기 때문에 '부유한 사람이겠구나' 하고 속으로 생각했습니다.

이야기를 들어 보자, 그는 세계적으로 유명한 투자 회사에 30년간 근무하면서 오랫동안 부사장을 맡았다고 합니다. 그의 말 한마디면 세계의 경제가 움직일 정도로 막강한 영향력을 가진 사람이었습니다.

분명 수입은 우리가 상상할 수 없는 액수일 것이며, 텔레비전에서나 볼 법한 호화 주택에 살고 있겠지요. 원하는 것이 있으면 뭐든 손에 넣을 수 있을 것입니다. 그는 그런 세계에 살고 있는 사람이었습니다.

그런 그가 저를 향해 온화한 목소리로 말했습니다.

"'선의 정원'을 만들어 주십시오. 화려한 것은 아무것도 필요 없습니다. 아무것도 없어도 좋으니 조용하고 온화한 공간을 만들어 주십시오."

그에게도 많은 돈을 들여서 화려하고 비싼 물건들을 사들인 시기가 분명 있었을 것입니다. 하지만 그런 경험을 거친 그는 지금 아무것도 없는 정원을 간절히 원하고 있습니다. 중요한 뭔가를 깨달은 것이겠지요.

또한 한때 전 세계를 석권했던 소프트웨어 개발자 중 한 사람도 나를 찾아왔습니다. 마흔 살이 조금 넘은 이 남성은 전용기를 타고 일본까지 왔습니다. IT 업계에서 누구나 다 알 만큼 성공한 사람이었습니다. 학창 시절에 자신의 집 차고에 틀어박혀 프로그램 개발을 했던 그는 머지않아 대성공을 거두게 됐습니다. 그가 차린 회사는 약 300억 엔에 팔렸고 그는 지금도 소프트웨어 개발을 하는 다른 IT 기업을 경영하고 있습니다. 그런 사람이 나에게 정원 디자인을 의뢰하기 위해 찾아왔던 것입니다.

"항상 자연을 느낄 수 있는 깔끔하고 심플한 정원을 만들어 주십시오. 저는 그 정원을 지역 사람들에게 개방해 모두가 쉴 수 있는 공간으로 만들고 싶습니다. 그리고 제가 죽은 후에는 그 정원을 지역에 기부할 생각입니다."

그 역시 앞서 말한 사람과 마찬가지로 아무것도 없는 정원을 만들어 달라는 말을 하고 돌아갔습니다.

인간은 많은 욕망을 끌어안고 살아갑니다. 선의 수행이란 그런 번뇌로부터의 해방을 목표로 하고 있는데, 욕망을 전면적으로 부정하는 것은 아닙니다. 인간은 살아 있는 한 누구나 욕망을 가지고 있습니다. 욕망이 전혀 없는 사람은 없습니다. 그것을 인정하고, 가능한 한 그 욕망을 작게 만들어 가는 것이 바로 선의 수행인 것입니다.

과연 인간의 욕망에 끝이란 게 있을까요? 얼마나 많은 것을 손에 넣어야 진정한 만족감을 얻을 수 있을까요? 또한 만족감을 얻었다면, 인간으로서의 행복도 느낄 수 있을까요?

우리가 궁금해하는 '인간의 욕망의 끝은 어디인가?'라는 질문의 대답을 그들이 잘 보여 준 것 같습니다. 두 사람 모두 큰 성공을 거두어 모든 것을 손에 넣었고, 앞으로도 원하는 것이라면 뭐든지 손에 넣을 수 있는 사람들입니다. 화려하고 비싼 것에 둘러싸여 지내는 그들이 최종적으로 추구한 것은 아무것도 없는 세계였던 것입니다.

'선의 정원'에는 불필요한 것이 하나도 없습니다. 사물을 극도로 배제한 세계가 그곳에 있습니다. 정원 안에 딱 하나뿐인 돌. 그 돌에야말로 인간의 진실이 투영되어 있습니다. 하나의 돌과 한 그루의 나무뿐인 정원이지만, 풍요로움과 행복을 느낄 수 있습니다. 이것이 바로 그들이 도달한 진실이었던 것입니다.

욕망과 사이좋게 잘 지내기란 매우 어려운 일입니다. 또한 욕망은 길들일 수도 없습니다. 그것을 깨닫고 가끔은 그 욕망에서 시선을 거둬야 합니다. 아무것도 없는 공간에 마음을 의탁하고, 풀과 꽃내음, 바람을 느껴 보십시오.

세계 각국에서 '선의 정원'을 디자인해 달라는 의뢰가 들어옵니다. 그들의 나라에는 그런 곳이 없기 때문이지요. 하지만 우리에게는 정신성이 높은 장소가 많습니다. 그런 장소를 찾아가십시오.

욕망으로 가득한 세계에서 잠시나마 시선을 돌리기 위해서.

水
急
不
流
月

一

강의 물살이 빨라도 강물 위 달그림자는
떠내려가지 않는다

3장

기분 좋은 하산을 위하여

이 세상에 살았다는
증거를 남기고픈 마음

자신이 살아온 인생. 열심히 올라온 인생의 산. 어떻게 살았고, 어떤 마음으로 이 세상을 살아왔는가. 자신이 이 세상에 존재했다는 것을 어떤 형태로든 남기고 싶은 마음은 누구나 가지고 있는 본능과도 같은 것입니다.

사람은 언젠가 이 세상을 떠납니다. 받아들이지 않을 수 없는 이 진실 앞에서 우리는 이 세상에 발자취를 남기고 싶어 합니다. 죽어서 무無가 되는 것도 두렵지만, 자신이 살아 있었다는 사실이 잊힌다는 것에도 공포를 느낍니다. 자신이 이 세상에 살아 있었다는 것을 누군가가 기억해 주길 바랍니다. 그래서 뭔가를 필사적으로 남기려고 하지요.

인간이 죽어도 영원히 남는 것. 그것은 신념과 가르침이라고 생각합니다. 부처님의 가르침은 2,500년이라는 세월이 흐른 지금까지 불교를 통해 전해지고 있습니다. 예수님의 가르침도 크리스트교를 통해 2,000년 이상이나 살아 숨 쉬고 있습니다. 이슬람교 역시 1,500년이 넘도록 그 가르침이 사람들의 가슴속에 살아 있습니다. 비록 그 모습은 세상에서 사라졌어도 선인들이 남겨 준 마음의 발자국은 결코 사라지지 않았습니다. 이것이야말로 '이 세상에 살았다는 증거'라고 생각합니다.

인간에게는 저마다 남길 수 있는 정신이 있습니다. 대단한 것이 아니어도 좋습니다. '난 이런 신념을 가지고 살아왔다', '내가 이 세상에 태어난 의의는 이것이다'라고 평생 일관되게 가졌던 하나의 신념. 그 신념을 소중히 여기며 살아간다면, 가깝게는 자식들에게 이어져 반드시 후세 사람들에게 전해지게 될 것입니다. 때로는 그 신념에 자식들이 반발할지도 모릅니다. 설령 그렇더라도 부모가 아름다운 신념을 굽히지 않고 살아간다면, 반드시 언젠가는 자식들의 마음속에 뿌리내리게 될 것입니다. 후세에 전해지는 것은 형태가 있는 것이 아닙니다. 많은 상장이라든지 돈을 쏟아부어 만든 동상이 아닙니다. 많은 재산도 아닙니다. '이 세상에 살았다는 증거'는 그렇게 천박한 것이 아닙니다.

'삶의 태도'를 남기는 것. 즉 자신이 열심히 산 그 모습을 남기는 것입니다. '삶의 태도'란 아름다운 것만을 의미하는 것이 아닙니다. 때로는 한심하고, 때로는 보기 흉한 모습도 있을 것입니다. 하지만 한심하게 느껴져도 최선을 다해 살아가는 모습 속에 후세 사람들이 배워야 할 점이 있을 것입니다. 인생의 하산을 시작하는 것은 자신의 '삶의 태도'를 드러내는 것이라고 생각합니다.

'신념'이라는 말을 할 때마다 떠오르는 에피소드가 하나 있습니다. 그것은 '생명의 비자'라고 일컬어지는 이야기입니다.

리투아니아의 일본 영사관에서 근무한 스기하라 치우네杉原千畝 씨. 외교관이었던 그는 전시 중인 혼란스러운 상황에서 일을 했습니다. 그가 있는 리투아니아의 일본 영사관에는 매일같이 유대인들이 도움을 청하기 위해 몰려들었습니다. 박해를 받고 있던 그들은 도망갈 곳이 없었습니다. "이제 더 이상 이곳에는 있을 수 없다", "어떻게든 외국으로 탈출하지 않으면 살해당하고 말 것이다"라며 어린아이부터 노인까지 수많은 유대인들이 스기하라 씨가 있는 일본 영사관에 찾아왔습니다.

그런데 당시 일본 정부는 그들에게 비자를 발급해 주지 않겠다는 방침을 확고히 했습니다. "지금 그들에게 비자를 발급해 해외로 도망가게 해 주지 않으면 그들의 생명이 위태롭습니다"라고 스기하라 씨가 아무리 호소해도 일본 정부는 비자 발급을 인정해 주지 않았습니다.

물론 외교관으로서 각국의 사정이 있다는 것은 충분히 알고 있었습니다. 하지만 인간의 생명보다 더 소중한 것은 없다는 것이 스기하라 씨의 신념이었습니다. 그래서 그는 자신의 신념에 따라 그들에게 독단적으로 비자를 발급해 주기 시작했습니다.

일본 정부의 뜻을 거역하고, 그들의 여권에 쉴 새 없이 도장을 찍어 주었습니다. 유대인들을 안전한 나라로 피신시키기 위해 자신의 인생을 걸고 비자 발급을 계속한 것입니다. 덕분에 많은 유대인들이 미국으로 망명해서 목숨을 건질 수 있었습니다.

머지않아 전쟁이 끝나고, 스기하라 씨는 외무성에서 해고되었습니다. 정부의 뜻을 거스른 그를 받아 주는 곳은 없었기 때문에 그의 만년은 풍족하지 못했다고 합니다.

세월이 흘러 스기하라 씨 덕분에 목숨을 건졌던 유대인들이 전 세계의 다양한 분야에서 성공을 거두었습니다. 그들은 "스기하라 씨 덕분에 지금의 내가 있을 수 있었다. 당시 스기하라 씨가 비자를 발급해 주지 않았다면 지금쯤 나는 이 세상에 없었을 것이다"라며 스기하라 씨에 대한 감사의 마음을 잊지 않았습니다.

그리고 그들은 예루살렘의 언덕에 스기하라 씨를 기리는 비석을 세웠습니다. 제막식에는 병환을 앓고 있던 고령의 스기하라 씨를 대신해 그의 아내와 네 아들이 참가했습니다. 그리고 당시 '생명의 비자'로 목숨을 건진 유대인 90여 명이 참석해 스기하라 씨의 가족에게 감사의 뜻을 전했습니다.

그 후 아들들은 병상에 있는 스기하라 씨에게 "이렇게 훌륭한 부모님이 계셔서 정말 행복합니다"라는 편지를 보냈다고 합니다. 한때 외무성에서 해고된 아버지를 보며 자식들은 원망을 했을지도 모릅니다. 하지만 아버지는 자식들에게 일관된 삶의 태도를 보여 주었습니다. 아버지가 끝까지 자신의 신념을 굽히지 않았다는 것을 알게 된 자식들은 분명 떨리는 심정으로 제막식을 지켜봤을 것입니다.

이 세상에 살았다는 증거를 남긴다는 것은 이런 것입니다.

1년 전의 자신과 지금의 자신을 비교하다

마음이 병든 사람이 늘고 있습니다. 아직 한창 인생의 오르막길이라 산 정상에서의 경치조차 보지 못했는데, 도중에 목숨을 끊어 버리는 사람도 있습니다. 일본에서 1년간 자살한 사람의 수가 3만 명을 넘었다고 합니다. 과연 이런 나라를 풍요로운 나라라고 말할 수 있는 걸까요? 그들의 마음을 생각하면 저는 언제나 가슴이 답답해집니다.

마음이 병드는 원인은 어디에 있을까요? 그것은 현대사회가 늘 경쟁을 조장하는 비교 사회이기 때문입니다. 회사는 사원들에게 무한 경쟁을 강요하며 언제나 일의 성과를 놓고 비교합니다. 또한 매일매일 그날의 할당량을 부과하고, 달성하지 못하면 인격 모독 수준의 질타를 퍼붓지요. 그렇다 보니 동료라고는 해도 경쟁 상대이기 때문에 서로 속마음을 털어놓지 못하고 표면상의 친분만 유지합니다. 게다가 세상에는 '승자'와 '패자'라는 구별이 존재하기 때문에 주변의 시선을 신경 쓰지 않을 수가 없습니다. 누구나가 이런 환경에 놓이면 하루하루 정신적으로 피폐해질 것입니다.

선승이 되기 위해 수행을 하는 운수승. 그들의 하루하루 생활은 엄격하지만, 그들 중에 마음이 병든 사람은 거의 없습니다. 물론 엄격한 수행을 견디지 못해서 절을 떠나는 사람은 있지만, 마음이 궁지에 몰려 절을 떠나는 사람은 없습니다. 수행이 아무리 괴로워도 그들이 마음을 잃는 일은 없습니다. 그것은 어째서일까요? 거기에는 비교와 경쟁이 존재하지 않기 때문입니다.

수행 중에는 '다음 법회까지 이것을 외워 와라'라는 숙제가 있기도 합니다. 회사의 일로 치자면 할당량이라고 할 수 있겠지요. 운수승 중에는 암기를 잘하는 사람도 있고 못하는 사람도 있습니다. 하지만 지도자들은 절대로 그들을 비교하지 않습니다. 물론 게으름을 피우며 외우지 못했을 경우에는 엄하게 혼을 내지만, 정말 열심히 했는데도 외우지 못한 사람에게는 이렇게 말합니다. "정말로 노력을 했는데도 외우지 못했다면, 그것은 어쩔 수 없는 일이다. 문제는 진심으로 노력을 했다고 말할 수 있느냐이다. 어제의 자신과 오늘의 자신을 비교해 보아라. 어제보다 오늘 조금이라도 게으름을 피웠다면 우리는 너의 수행을 인정할 수 없다"라고.

지도자들은 무슨 말이 하고 싶은 걸까요? 그것은 비교해야 할 상대는 바로 자기 자신이라는 것입니다. 다른 사람과 자신을 비교하며, 자신이 그 사람보다 잘났다든지 그 사람을 이겼다며 일희일비하는 경우가 있습니다. 자신이 더 위라고 생각하면 몹시 기뻐하고, 아래라고 생각하면 부러워서 질투를 하지요. 그런데 그런 것은 아무런 의미가 없는 것입니다.

설령 그때는 이겼다 하더라도 한순간에 뒤집힐 수 있습니다. 하나의 경쟁에서 이긴 순간 바로 다음 경쟁이 시작됩니다. 계속해서 이기기만 할 수는 없습니다. 인생이란 지는 경우가 압도적으로 더 많기 때문에 거기에만 신경을 쓰다 보면 머지않아 자신의 마음을 궁지로 몰아 넣게 되지요.

진짜 비교해야 하는 상대는 주변에 있는 다른 누군가가 아니라 바로 자기 자신입니다.

1년 전의 자신을 떠올려 보십시오. 그때는 눈앞의 일에 열중하며 반짝반짝 빛이 났으나 지금은 의욕을 잃고 대충대충 일하고 있다면, 설령 1년 전보다 연봉이 올랐다 하더라도 성장이라 할 수 없습니다. 가장 중요한 것은 1년 전보다 오늘의 내가 더 빛나고 있느냐입니다. 그리고 그것을 평가할 수 있는 것은 자기 자신밖에 없습니다. 자신만이 알 수 있는 성장을 느끼며 살아가는 것이 중요합니다.

어제의 자신을 떠올려 보십시오. 만약 어제의 자신에게 만족하지 못했다면 오늘은 만족할 수 있도록 노력하면 됩니다. 그리고 어제의 자신이 열심히 살았다면 순수하게 그것을 칭찬해 줍시다. 타인의 평가 따위에 휘둘릴 필요는 없습니다. 물론 타인의 평가가 신경 쓰이는 경우도 있겠지만 그것은 당신의 인생을 좌우할 만큼 중요한 것이 아닙니다.

타인의 평가보다 오늘이라는 시간을 열심히 살아가는 것이 더 중요합니다. 그것이 결과적으로 좋은 평가까지 받는다면 그걸로 됐습니다. 설령 좋은 평가를 받지 못한다 해도 상관없습니다. 중요한 것은 스스로의 평가입니다. 비교해야 하는 대상은 밖이 아니라 안에 있습니다. 지도자들이 수행승에게 전하고자 했던 것은 바로 이것입니다.

진정한 인간관계는
정년 후부터

선승이 되기 위해 수행을 하는 운수승 시절. 저도 20대에 그 경험을 했습니다만, 그때를 결코 잊을 수 없습니다. 힘들었던 수행도 그렇지만, 무엇보다 그 시절에 함께했던 동료들을 잊을 수 없습니다. 선에서는 수행을 함께한 동료를 '도반'이라고 부릅니다. 그 도반은 늘 마음속에 함께합니다.

지금은 운수승도 영양가를 고려해 식사한다고 하는데, 예전에는 '일즙일채'를 철저하게 지켰습니다. 그렇다 보니 늘 배가 고팠고, 영양실조에 걸리기 일쑤였지요.

당시에는 수행을 시작한 지 1개월 정도가 지나면 대부분의 운수승은 영양실조나 각기병에 걸렸습니다. 다리가 퉁퉁 붓고 감각이 없어져서 자신의 발처럼 느껴지지 않습니다. 그 정도로 병원에 실려 가는 경우는 없지만, 익숙지 않은 장기간에 걸친 좌선과 정좌로 치질에 걸려 어쩔 수 없이 수행을 단념해야 했던 동료가 있었습니다. 힘들게 여기까지 함께 수행을 해 왔는데 그것을 포기해야 하는 것이지요. 절을 떠나는 동료를 위해서라도 남은 이들은 더욱더 수행에 정진해야 했습니다. 마치 전우애와 같은 끈끈한 관계가 거기에 있었습니다.

수행하는 동안 매일 함께 지내기 때문에 개인적인 공간은 있을 수 없습니다. 사생활도 자신만의 시간도 일절 없는 상태로 지내는 것이지요. 그것은 상당한 스트레스인데 그런 스트레스를 견디는 것 또한 수행의 일환입니다.

그런 환경 속에서 자연스럽게 주위를 배려하는 마음이 솟아납니다. 모두가 서로를 배려하고 자신은 한 걸음 물러나서 행동하게 됩니다. 고집을 부리며 자신이 하고 싶은 행동만 한다면 분위기를 해치게 될 것입니다. 만약 수행 중 분위기를 해치는 사람이 있다면 그곳에 함께 있을 수 없습니다.

물론 처음에는 누구나 답답함을 느낍니다. 그때까지는 혼자서 방을 쓰며 자유롭게 지냈는데, 항상 누군가와 함께 행동해야 하는 환경의 변화가 괴롭게 느껴지지요. 하지만 시간이 흐를수록 그 괴로움은 상대방을 배려하는 마음으로 변해 갑니다. 자신의 기분은 뒤로 숨기고 상대방의 기분을 우선시하게 됩니다. 그것이 수행의 성과 중 하나라고도 할 수 있겠습니다.

'한솥밥을 먹은 동료'라는 말이 있지요. 그 말처럼 운수승들은 함께 고생하며 힘을 합쳐 앞으로 나아갑니다. 성공하면 함께 기뻐하고, 실패하면 서로를 격려해 주지요. 그런 관계가 과연 현대사회에 존재할까요? 매일같이 함께 목욕을 하며 운수승과 같은 교제를 할 수 있을까요? 물론 드물게 그런 경우도 있겠지만, 현대사회에서 대부분의 사람들은 아마 평생 그런 경험을 해 보지 못한 채 생을 마칠 것입니다.

어떤 의미에서 회사라는 곳도 한솥밥을 먹는 곳입니다. 다 함께 일의 성공을 목표로 힘을 합쳐 일을 합니다. 어찌 보면 운수승과 같은 환경이지요. 그러나 회사를 그만둔 후에도 개인적으로 만나서 술잔을 주고받는 사람이 얼마나 될까요? 회사에서 함께 지낼 때는 동료 의식이 있었지만, 정년퇴직을 하고 나서까지 굳이 만나고 싶은 사람은 별로 없지 않습니까? 일을 할 때의 동료 의식이라는 것은 회사에서 만들어 준 것이기 때문입니다. 회사가 목표를 던져 주고, 팀의 일원으로 만들어 주었기 때문에 표면상 동료가 된 것입니다. 그러다 보니 동료라고는 하나 서로 라이벌 의식을 가지고 있지요. 그런 환경 속에서 과연 상대방의 기분을 배려하는 마음이 싹틀 수 있을까요? 참으로 쓸쓸하지만, 이것이 현실입니다.

정년퇴직 후에는 진짜 동료를 만들어야 합니다. '어디 어디 회사에 다녔었다', '어느 지위까지 올랐었다' 등의 생각은 일절 하지 말고 서로를 인정하는 관계를 만들어야 합니다. 취미가 같다는 이유만으로도 좋고, 이제까지 걸어 온 인생에 공통점이 많다는 이유도 좋습니다. 서로를 이어 주는 것이라면 뭐든 상관없습니다. 다만 자신의 생각만을 고집하지 않는 인간관계를 맺어야 합니다.

인간관계가 서툴러서 정년퇴직과 동시에 술 한잔 함께 할 상대조차 없어지는 사람을 종종 봅니다. 친구도 동료도 필요 없다며 완고하게 자신의 생각만 고집하는 사람은 머지않아 고립되어 갈 것입니다. 인간에게 있어서 고독한 시간을 갖는 것은 중요하지만, 언제나 고독한 것은 괴로운 일입니다.

어째서 그렇게까지 완고해지는 걸까요? 그것은 자아에 집착하기 때문입니다. 자아에 집착하는 사람은 언제나 자신을 중심으로 생각하고, 만사를 타인에 대한 배려 없이 자신의 생각대로 밀어붙이려고 합니다. 자신의 생각만 고집하는 것과 자신만의 인생을 살아가는 것은 전혀 다른 것입니다. 자신만의 인생을 살아가는 것은 주변 사람들을 소중히 하면서 '나다움'을 찾아가는 것입니다.

자신의 생각만 고집하며 살아가서는 안 됩니다. 냉정하게 따지고 보면 그렇게까지 고집부릴 만한 가치가 있지 않을 것입니다. 그런 고집은 버리고, 마음을 열어 주변 사람들을 받아들여야 합니다. 마음이 잘 맞지 않는다면 그 인연은 자연스럽게 끊어질 것입니다. 억지로 인연에 매달리는 것 또한 고집을 부리는 것입니다.

'도반'이란 젊을 때만 찾을 수 있는 것이 아닙니다. 당신이 몇 살이 됐든, 인생을 하산하는 도중에라도 반드시 도반을 만날 수 있을 것입니다. 그런 동료와의 만남은 분명 당신의 하산길을 풍요롭게 해 줄 것입니다.

막연한 불안에
사로잡힐 때

인생이라는 길에는 불안의 씨앗이 많이 떨어져 있습니다. 커다란 씨앗도 있고, 눈치채지 못하고 그냥 지나쳐 버릴 만큼 작은 씨앗도 있습니다. 우리는 때로는 그것을 밟거나 때로는 피하면서 살아갑니다. 어찌 됐건 불안의 씨앗이 한 톨도 떨어져 있지 않은 길은 없습니다.

그렇게 수많은 불안 중에서 가장 골치 아픈 것이 있습니다. 그것은 막연한 불안입니다.

구체적인 불안 요소라면 어떤 대책을 세울 수 있을 것입니다. 예를 들어 회사에서 다음 주까지 어떤 일을 완성시켜야 하는 경우

'과연 가능할까?'라는 불안에 휩싸입니다. 이것을 해소할 방법은 아주 간단합니다. 밤을 새워서라도 완성시키면 되는 것입니다. 자신이 어떻게 하느냐에 따라 해소될 수 있는 것이지요. 병에 대한 불안도 마찬가지입니다. 구체적으로 몸이 안 좋은 곳이 있다면 병원에 가면 됩니다.

그런데 만약 지금 독감이 유행하고 있다고 해 봅시다. 딱히 몸이 안 좋은 것도 아니고, 독감에 걸린 것도 아닙니다. 그런데도 '독감에 걸리면 어쩌지?' 하는 불안에 사로잡혀 '만약에…'라며 걱정을 합니다. 이런 막연한 불안이 제일 골치 아픈 것입니다.

막연한 불안은 나이와 함께 증폭됩니다. 그렇다면 이 막연한 불안을 어떻게 해야 할까요? 먼저 생각해 봐야 하는 것은 도대체 불안이란 어디에 있는가 하는 것입니다. 실은 불안이라는 것은 미래에만 존재합니다. 잘 생각해 보십시오. 과거 속에 불안이 존재합니까? 물론 불안에 휩싸였던 과거는 있었을 것입니다. '그때 엄청 불안했었지'라고 떠올릴 수는 있겠지만, 그것은 이미 지나간 일입니다. 분명 존재했었으나 이제 사라졌습니다. 해결이 됐든 안 됐든 과거의 불안에 시달리는 경우는 없습니다.

또한 불안은 현재에도 존재하지 않습니다. 혈압이 높을까 봐 늘 노심초사했는데 실제로 병원에서 고혈압 진단을 받았습니다. 이것은 불안이 현실화된 경우입니다. 그런데 불안이 현실이 되면, 이제 더 이상 불안이 아닙니다. 왜냐하면 현실 속에서 맞서 싸워야 하기 때문입니다. 이것저것 걱정하기보다 일단 치료를 해야 합니다. 불안이 현실이 되는 순간, 우리는 그것과 맞서 싸우려 합니다. 인간에게는 싸울 힘이 갖춰져 있습니다.

만약 정리 해고에 대한 불안이 현실화된다면 우물쭈물하고 있을 시간이 없습니다. 불안하다고 말하는 동안에도 다른 일자리를 찾아야 합니다. 뭔가를 필사적으로 행동으로 옮길 때 마음속에서 불안은 사라집니다. 따라서 불안에 사로잡힌 사람이란 머리로만 생각할 뿐 행동으로 옮기지 않는 사람인 것입니다.

불안은 과거나 현재에 존재하지 않습니다. 그것은 아직 찾아오지 않은 미래에 있습니다. 아직 닥치지도 않은 일을 걱정하고 있을 시간이 있다면, '지금'이라는 시간을 더 열심히 살아가십시오. 설령 미래가 불안하다 하더라도 그리고 그것이 현실이 되었다 하더라도 자신에게는 그것과 맞서 싸울 수 있는 힘이 있다고 믿어야 합니다. '만약 그렇게 되더라도 나는 반드시 해결할 수 있다'라는 자신감을 가져야 합니다. 그리고 그 자신감은 지금을 열심히 살아가는 것에서 탄생할 것입니다.

직함 없는
가벼움을 즐기다

정년퇴직을 하고 나서도 회사에서 받았던 직함에 연연하는 사람이 있습니다.

회사에서의 직함이란, 요컨대 역할 분담 같은 것이지요. 과장이라는 역할을 하는 사람도 있고, 부장이라는 역할을 하는 사람도 있습니다. 당신이 만약 정년퇴직을 해서 부장이라는 역할이 끝나면 다음날부터 다른 누군가가 그 역할을 맡을 것입니다. 당연한 일입니다.

이것을 잘 알고 있다고 말하면서도 과거의 직함에 집착하는 사람이 많습니다. 자신의 인격과 회사에서 받은 직함을 동일시하기 때문입니다. 아마 그런 사람은 '나는 누구인가?'라는 질문에 "나는 ○○ 회사의 부장이다"라고 대답할 것입니다. 그 사람에게 있어서 부장이란 단순한 역할이 아니라 하나의 인격체인 것이지요. 따라서 그 직함을 빼앗기면 자신이 누구인지도 알 수 없게 돼 버립니다. 그렇게 되면 앞으로 자신이 해야 할 일이나 꿈마저 잃게 되겠지요. 결과적으로 매우 시시한 인생이 되고 말 것입니다.

물론 직함을 가지는 것 자체가 나쁘다는 것은 아닙니다. 직함이 있으면 책임감과 스스로를 규제하는 마음이 생겨납니다. 또한 성과를 내야 한다는 사명감에 불타서 일의 원동력이 될 것입니다.

하지만 직함에 너무 얽매여서는 안 됩니다. 부장이 되면 부장다운 행동을 해야 한다고 생각합니다. 그래서 자신의 진짜 속마음은 억누르고 부장으로서의 책무를 다하기 위해 자신의 행동을 구속하며 살아갑니다. 조직 생활을 하는 사람으로서는 어느 정도 당연한 일이지만, 그것이 심해지면 마음의 자유가 없어집니다.

일류 기업에서 임원까지 올랐던 한 남성이 있었습니다. 그가 정년퇴직을 했을 때 "퇴직을 하고 나니 무엇이 가장 즐겁습니까?"라고 묻자 이렇게 대답했습니다. "주변을 의식하지 않고, 서서 메밀국수를 먹는 거예요"라고.

대학생 때부터 그는 매일같이 서서 먹는 국수집에서 메밀국수를 먹었다고 합니다. 그것은 그에게 있어 청춘의 맛이라 할 수 있겠지요. 그런데 회사에 들어가 점점 직급이 올라감에 따라 서서 먹는 국수집에 가기가 어려워졌습니다. 그리고 임원이 되고 나서는 더욱 주변의 시선을 의식하게 됐지요. 만약 서서 메밀국수를 먹는 모습을 거래처 직원이 본다면 뒤에서 무슨 소리를 할지 걱정이 됐습니다. 물론 아무도 뭐라고 하지 않았을 것입니다. 그런데도 혼자서 그렇게 생각하며 자신을 구속했던 것이지요.

그는 정년퇴직을 한 다음날, 편안한 옷차림으로 메밀국수를 먹으러 갔습니다. 학창 시절에 먹었던 그 맛이 떠올랐습니다. 그는 자신을 구속하고 있던 것에서 해방되어 날아오를 것처럼 가벼운 기분이 들었다고 합니다.

그리고 그 순간 이렇게 생각했다고 합니다. '좋았어. 이제부터는 자유롭고 즐거운 인생을 살아보자. 본래 내 모습을 되찾자'라고. 정말 멋지게 직함을 벗어 던져 버린 예입니다.

인간에게 있어 가장 소중하고 귀한 것은 바로 마음의 자유입니다. 누구나 자유로운 마음으로 살아가고 싶을 것입니다. 그러나 이 사회가 좀처럼 그것을 허락해 주지 않지요. 특히 오르막길에서는 이것저것 자신을 구속하는 것들이 많이 있습니다. 물론 그것들도 살아가는 데에 필요한 것들이며 소중히 해야 하는 것들입니다.

하지만 내리막길에서는 당신을 구속하는 것이 매우 적어집니다. 전혀 없다고는 말할 수 없으나 확연히 적어집니다. 회사와 직함에서 해방되고, 양육에서도 해방되지요. 그렇게 당신을 구속하는 것들에서 해방되면서 자유를 되찾을 수 있습니다. 힘들게 얻은 자유를 과거의 직함으로 옭아매는 것은 너무 아까운 일입니다. 그런 것은 빨리 갖다 버리고 '나는 누구인가?'를 진지하게 생각해야 할 것입니다.

만약 내리막길에서도 마음을 구속하는 것이 있다면 그것은 자신의 마음이 낳은 것입니다. 인간의 마음이란 외부에서 구속하는 것이 아닙니다. 구속하는 것은 언제나 내부에 있습니다.

‘하고 싶은 일’
노트 만들기

우리는 나이를 먹을수록 다양한 경험을 쌓아 갑니다. 좋은 경험도 있고, 나쁜 경험도 있습니다. 즐거운 일도 경험하고, 괴로운 일도 경험하지요. 그런 수많은 경험들이 인생을 풍요롭게 만들어 줍니다.

그런데 이 경험이라는 것이 언제나 좋은 쪽으로만 작용하는 것은 아닙니다. 과거의 경험이 오히려 안 좋게 작용하는 경우도 있습니다. 구체적으로 이야기해 보겠습니다.

예를 들어 정년퇴직을 하고 마땅히 할 일이 없을 때, 친구가 함께 등산을 가자고 청해 옵니다. 등산이라면 서른 살쯤에 딱 한 번 회사 동료들과 해 본 적이 있습니다. 그런데 그때 굉장히 힘들었던 기억이 떠올라 친구의 권유를 거절했습니다.

경험이 안 좋게 작용한다는 것은 이런 경우입니다. 등산을 경험한 적이 있다고는 하나 딱 한 번뿐이었습니다. 그것도 30년도 더 된 일이지요. 그것 때문에 등산을 재미없는 것으로 치부해 버리는 것은 너무 아까운 일입니다. 서른 살에 봤던 풍경과 예순 살이 넘어 보는 산의 풍경은 전혀 다를 것입니다. 그것은 결코 같은 경험이 아닐 것입니다.

단 한 번의 경험으로 마치 그것을 다 알고 있는 것처럼 생각해서는 안 됩니다. 한 번 해 봤을 때 재미없었다고 해서 시시한 것이라고 결정짓는다면 이 세상에 할 일이 하나도 없을 것입니다.

'정년퇴직을 하고 나서 할 일이 하나도 없다', '아무 데도 가고 싶지 않다'. 이런 상태에 빠지지 않으려면 현역으로 일할 때부터 하고 싶은 일을 미리 생각해 두는 것이 중요합니다.

쉰 살이 넘은 사람들은 술집에서 종종 이런 대화를 나눕니다. "나는 정년퇴직을 하고 나면 스쿠버다이빙을 시작할 거야", "나는 하루 종일 책을 읽으면서 보내고 싶어", "나는 유럽 여행을 가서 여기저기 걸어 다니는 게 꿈이야" 등등.

모두들 즐겁게 이야기를 나눕니다. 정신없이 일에 쫓기는 바쁜 일상 속에서 잠시나마 자신의 꿈을 이야기하는 시간이지요. 그것은 매우 바람직한 시간이라고 생각합니다.

하지만 다음날이 되면 다시 바쁜 일상에 파묻혀 어젯밤에 이야기한 꿈은 머릿속에서 사라져 버립니다. 자신이 읽고 싶은 책 따위는 완전히 잊어버리지요. 그것은 무척 안타까운 일입니다.

일상생활 속에서 문득문득 떠오르는 작은 꿈. 그것을 글로 남겨 두는 것이 어떨까요? 노트를 하나 만들어서 하고 싶은 일이 떠오를 때마다 적어 두는 것입니다. '어떠어떠한 책을 읽고 싶다', '어떠어떠한 곳에 가 보고 싶다', '어떠어떠한 일에 도전해 보고 싶다' 등등.

너무 깊게 생각할 필요는 없습니다. 돈이 많이 들 거라든지, 현실적으로 무리라든지 하는 걱정도 할 필요 없습니다. 그저 자신이 하고 싶은 일이면 됩니다.

예를 들어 쉰다섯 살부터 그 노트를 쓰기 시작한다면 정년퇴직을 할 때쯤엔 아마 노트가 새까매질 것입니다. 자신이 하고 싶은 일 수백 가지가 쓰여 있을 것입니다. 그중에는 똑같은 꿈이 몇 번이나 쓰여 있기도 하고, 말도 안 되는 꿈이 쓰여 있기도 할 것입니다. 그것을 인생의 내리막길에 접어들었을 때 다시 한 번 읽어 보는 것입니다.

그 노트에 쓰여 있는 꿈이나 하고 싶은 일은 자신의 마음이 솔직하게 원하는 것입니다. 아무런 계산도 없는 진심이지요. 그 꿈들을 다시 한 번 진지하게 읽어 보고 그 안에서 취사선택을 하면 됩니다.

'아, 그때 나는 이런 꿈을 가지고 있었구나', '그래, 난 그곳에 가고 싶었어'라며 과거의 자기 자신과 만남으로써 앞으로 나아가야 할 길이 보일 것입니다. 적어도 '나는 딱히 하고 싶은 일이 없다'라는 고민은 없을 것입니다.

과거의 경험에 사로잡히지 말고, 여러 가지 일에 도전해야 합니다. 한 번 경험했던 일이라 하더라도 새로운 마음으로 다시 도전해 보길 바랍니다. 여러 번 가 본 적이 있는 곳이어도 가는 방법은 다양하게 있지 않습니까? 경험을 변명으로 삼아서는 안 됩니다. 어떤 경험이든 늘 새로운 발견이 있는 법입니다.

분명 당신밖에
할 수 없는 일이 있다

1년에 몇 번은 볼일이 있어서 교토京都를 방문할 기회가 있습니다. 교토의 거리를 둘러보며 한가롭게 걷는 것이 좋아서 시간만 나면 산책을 나가지요. 그런데 산책을 하다 보면 느끼게 되는 것이 한 가지 있습니다. 그것은 교토에는 전통 있는 전문점들이 많이 있다는 것입니다.

예를 들어 200년 전부터 절임 음식만 취급해 온 가게가 있습니다. 주인이 직접 자신의 손으로 정성껏 절임 음식을 만들어서 손님들에게 제공합니다. 뿐만 아니라 오랜 세월 동안 멸치만을 팔아 온 가게도 있고, 사쿠라모찌(밀가루 반죽에 팥소를 넣고 벚꽃나무 잎으로 싸서 찐 떡)만 고집하는 화과자 전문점도 있습니다. 다양한 상품을 함께 판다면 돈을 더 벌 수 있을 텐데 그렇게 하지 않고 오직 한 가지만을 취급하고 있습니다. 얼핏 보기에는 합리적이지 않은 것 같지만 실은 그렇지 않습니다. '절임 음식이라면 여기', '멸치라면 역시 그 가게', '사쿠라모찌는 저기' 이런 식으로 이미 교토 사람들의 일상생활 속에 깊이 침투했기 때문입니다. 이것이 바로 몇백 년에 걸쳐 이어져 올 수 있었던 비결인 것입니다.

현대사회는 그것과 정반대의 방향으로 움직이고 있습니다. 보다 많은 손님의 요구에 응하고자 계속해서 상품의 종류를 늘려 갑니다. 편의점을 보면 알 수 있듯이 하나의 가게에서 뭐든지 살 수 있는 구조가 되고 있지요. 분명 편리하긴 하지만 그 편리함의 이면에는 희박한 개성이 자리하고 있습니다.

인간도 마찬가지가 아닐까요? 현대사회에서 요구하는 것은 말하자면 올 라운드 플레이입니다. 특화된 한 가지보다는 다양한 일을 처리하는 능력이 요구됩니다. 사람은 누구나 자신이 잘하는 분야와 잘하지 못하는 분야가 있습니다. 둘 중 어느 쪽에 관심을 둬야 할까요? 잘하는 분야를 키워 나가야 할까요, 아니면 잘하지 못하는 분야를 없애야 할까요? 아마 회사에서 원하는 것은 후자 쪽일 것입니다. 그런데 그런 환경 속에 오래 있다 보면 자신이 정말로 잘하는 것이 무엇인지 알 수 없게 돼 버립니다. 분명 자신만이 할 수 있는 일이 있을 텐데 그쪽으로는 관심을 갖지 않게 되지요. 이는 정말 불행한 일이 아닐 수 없습니다.

평등즉불평등平等卽不平等이라는 선어가 있습니다. 겉으로는 평등해 보이지만 실제로는 불평등한 것을 가리킵니다. 예를 들어 회사에 입사하면 누구나가 평등하게 일을 부여받습니다. 편의상 열 명은 영업부, 다섯 명은 경리부… 이런 식으로 누군가를 특별 취급하는 일 없이 각 부서에 배치하지요. 회사 입장에서는 사원들을 평등하게 취급한 것이며, 그것에 불평하는 사원은 없습니다.

하지만 좀 더 깊게 생각해 보면, 영업부로 배치된 열 명 중에는 영업이 적성에 맞는 사람도 있겠지만 적성에 맞지 않아 고통을 느끼는 사람도 있을 것입니다. 당연한 일이지만 영업이 적성에 맞는 사람은 점점 성과를 올려 높은 평가를 받을 것입니다. 한편 영업이 적성에 맞지 않는 사람은 잘하는 분야가 따로 있음에도 그 능력을 발휘하지 못한 채 회사 인생을 마감하게 됩니다. 이것이 '평등' 속에 내재되어 있는 '불평등'입니다.

진정한 의미에서의 '평등'이란, 각자가 가장 잘할 수 있는 자리에 놓이는 것입니다. 그 사람만이 가지고 있는 뛰어난 부분을 이끌어내야 합니다. 학교 현장에서도 마찬가지입니다. 한 반에는 산수를 잘하는 아이도 있고, 국어를 잘하는 아이도 있습니다. 그림은 잘 못 그리지만 운동은 매우 잘하는 아이도 있습니다. 당연한 일이지요. 그런데 어른들은 그 당연한 것을 애써 외면하며 하나의 잣대로 학생들을 평가하려 합니다. 평등의 의미를 어른들이 잘못 해석하고 있는 것 같습니다.

물론 회사가 사원 개개인의 능력을 전부 파악하는 것은 현실적으로 불가능한 일입니다. 조직을 움직이다 보면 개개인의 자질에까지 관심을 가질 여유가 없을 것입니다. 그것은 잘 알고 있습니다. 어쩔 수 없는 불평등도 존재한다는 것은 인정합니다.

그런데 인생의 내리막길에는 이제 그런 불평등이 존재하지 않습니다. 회사에서 벗어난 후에는 자신이 가장 잘할 수 있는 것에만 신경 쓰면 됩니다. 서투르고, 별로 하고 싶지도 않은 일은 억지로 할 필요가 없습니다.

다시 한 번 말하지만, 사람은 누구에게나 뛰어난 분야가 있습니다. 잘하는 것이 하나도 없는 사람은 세상에 없습니다. 만약 '나는 잘하는 것이 하나도 없다'라고 생각한다면, 그것은 자기 혼자만의 착각입니다. 혹은 이제까지의 불평등한 세계에서 아직 빠져나오지 못한 것입니다.

나밖에 할 수 없는 것. 그것이 도대체 무엇일까요? '나는 항상 웃는 얼굴로 있을 수 있다', '다른 사람의 상담에 잘 응해 줄 수 있다', '오랫동안 기술직을 맡아 와서 손재주가 좋다' 등등 어떤 사소한 것이라도 좋습니다. 자신이 잘하는 분야를 빨리 찾아내야 합니다. 이제 누군가에게 평가받거나 남들과 비교당할 일은 없습니다. 나만이 할 수 있는 일을 찾아내서 주변 사람들을 위해 능력을 아낌없이 발휘해야 합니다. 아무런 계산 없이 다른 사람을 위해 자신의 능력을 제공할 수 있는 것이 바로 인생의 하산기입니다.

사람은 가지각색입니다. 열 명이 있다면, 열 명 다 다른 재능과 능력을 가지고 있지요. 능력이 없는 사람은 한 명도 없습니다. 그 당연한 것을 꼭 기억하길 바랍니다. 자기밖에 할 수 없는 일을 발견하십시오. 그것이 행복으로 가는 길잡이가 되어 줄 것입니다.

우선순위를 확실하게
정하지 않는다

살다 보면 그때마다 우선순위라는 것이 있습니다. 그때 가장 관심이 가는 것. 그때 가장 생각해야 하는 것.

예를 들어 20대 때는 연애가 최고의 관심사일 것입니다. 누군가를 사랑하고, 그 사람과 깊은 인연을 맺는 기쁨이란 매우 클 것입니다. 그리고 결혼을 하면 가정을 지키는 것이 최고가 됩니다. 그러다가 자식이 태어나면 자식을 행복하게 해 주는 것이 인생의 최우선순위가 되지요. 또한 일이 최고인 시기도 있을 것입니다. 이렇듯 우리는 인생에서 그때그때 우선순위를 매기면서 살아가고 있습니다.

우선순위를 매기는 것은 나쁘지 않습니다. 그때그때의 목표를 분명히 해서 지금 자신이 해야 할 일이 무엇인지를 확인할 수 있습니다. 특히 오르막길에서는 그 우선순위가 앞길을 비추는 빛이 되어 줄 것입니다. 만약 오르막길을 오르는 중에 우선순위를 매기지 못한다면, 인생이라는 산에서 길을 잃게 될지도 모릅니다.

그런데 이 우선순위라는 것이 나이를 먹을수록 애매해집니다. 왜 그럴까요? 그때까지 1순위였던 것들이 차례차례 사라지기 때문입니다. 쉰 살이 넘어서 연애에 열중하는 일은 없을 것입니다. 자식들도 독립했으니 가족을 지키겠다는 목표도 흐려져 갈 것이며, 정년퇴직을 하고 나면 우선순위 상위권에 있던 회사 일조차 사라져 버립니다. 이렇듯 우선순위를 매기려고 해도 그 재료가 없어지는 것이지요.

그런데 이제까지의 습관인지 계속해서 우선순위를 매기려는 사람이 있습니다. 1위, 2위, 3위 이런 식으로 말입니다. 그리고 그 우선순위를 고집스럽게 지키려고 하지요. 예를 들어 건강이라는 것은 항상 우선순위의 상위권에 있지만, 특히 인생의 내리막길에 접어들면 이것이 1위가 됩니다. 병에 대한 두려움이 커져서 건강을 매우 신경 쓰게 됩니다.

그래서 건강을 위해 매일 아침 30분씩 걷기 운동을 하기로 결심합니다. 그러면 그것이 생활 속에서 최우선순위가 되지요. 결심한 것을 지키기 위해 비가 오든, 바람이 불든, 컨디션이 좋든 나쁘든 무조건 걷기 운동을 하는 것에만 열중합니다. 건강을 위해서 시작한 운동인데 이런 식이라면 오히려 건강을 해치게 될 것입니다. 본말전도인 셈이지요.

인생의 하산기에는 좀 더 여유로운 마음을 가져야 합니다. 매일 그날의 우선순위를 정하는 것은 좋지만, 그 우선순위에 얽매여서는 안 됩니다. 좋은 의미에서 '적당히' 지키면 됩니다.

오늘의 1위와 내일의 1위가 바뀌어도 괜찮습니다. 어제는 1위였던 것이 오늘은 꼴찌여도 좋습니다. 아침에 일어났을 때 오늘의 1순위를 정하면 되는 것입니다. '좋아. 오늘은 맛있는 음식을 만들어 먹자', '오늘은 독서를 해야지. 그 외의 것들은 전부 내일 하자'. 이렇듯 매일매일 자신 안에서 우선순위가 바뀌어 가는 것을 즐기면서 '적당히' 살아가는 것. 그것이 하산길을 즐기는 비법이라고 생각합니다.

유연심柔軟心이라는 선어가 있습니다. 문자 그대로 유연한 마음을 가지고 자유자재로 살아가라는 의미입니다. '이것이 1위', '꼭 이것을 해야 한다'라는 결심에서 벗어나서 유연한 마음으로 살아갑시다. 그것이 내리막길에서의 1순위일지도 모릅니다.

일하는 의미를
묻다

"당신은 어째서 일을 하고 있습니까?"

인생의 오르막길일 때 누군가 이렇게 묻는다면 대답은 아주 간단합니다.

"먹고살기 위해서입니다."

"가족을 위해서입니다."

아마 대부분의 사람들이 이렇게 대답할 것입니다. 당연한 대답입니다. 인생이라는 산을 올라갈 때는 자신이 일하는 의미를 생각할 필요가 없습니다. 그럴 여유도 없지요. 열심히 일을 해서 돈을 버는 것이 가장 중요한 시기입니다. '자아실현을 위해'라든지 '사회에 이바지하기 위해’ 등 번지르르한 말을 늘어놓는 경우도 있지만, 결국엔 먹고살기 위해 일을 하고 있는 것이지요.

먹고살기 위해 일을 한다는 것은 심리적 부담이 되기도 하지만, 어찌 보면 편하기도 합니다. 쓸데없는 것은 생각할 필요 없이 그저 돈을 벌기 위해 열심히 일하면 됩니다. 거기에는 매우 명확한 동기 부여가 있습니다.

인간에게 있어 가장 어려운 질문이 ‘왜?’라고 생각합니다. ‘왜 일을 해야 하지?’, ‘왜 돈을 벌어야만 하지?’. 만약 그런 의문과 마주하면 인생의 미로에 빠지게 될지도 모릅니다. ‘왜?’라는 의문을 갖기 시작했을 때 우리는 불안이라는 파도에 휩쓸리게 됩니다.

예를 들어 경제적으로 여유가 생겨서 굳이 먹고살기 위해 일을 할 필요가 없어졌습니다. 그런데도 뭔가 일을 하고 싶습니다. 일을 그만두면 사회에서 소외당하는 것 같은 기분이 들기 때문입니다. 정년퇴직을 앞두고 있을 때 가장 두려운 것은 이것이 아닐까요?

자신의 건강이 허락하는 한 그리고 자신의 마음이 앞을 향해 전진하는 한, 인간은 계속해서 일을 하고 싶어 합니다. 설령 인생의 내리막길에 들어섰다 하더라도 그것이 일의 종료를 의미하는 것은 아닙니다. 정년이라는 것은 분명 하나의 종료이지만 그것은 회사가 마음대로 정해 놓은 것에 지나지 않습니다. 그 일이 종료됐다고 해서 당신이 일하는 것에 종지부가 찍히는 것은 아닙니다. 살아 있는 한, 인간은 끊임없이 일하는 존재라고 생각합니다.

다만 '왜 일을 하는가?'라는 물음에 이제까지와는 다른 대답을 찾아내야 합니다. 하산길인데도 여전히 '돈을 벌기 위해'라는 대답을 한다면 그것은 자신을 고통스럽게 만들 것입니다.

'누군가를 기쁘게 하기 위해', 누군가에게 도움이 되기 위해', '사회에 조금이라도 공헌하고 싶어서' 등 내리막길에서의 일하는 목적은 이런 식으로 바뀌어야 합니다. 물론 먹고살기 위해 돈을 벌어야 하는 사람도 있을 것입니다. 그렇다 하더라도 돈이 1순위라고는 생각하지 않는 것이 좋습니다. 먼저 누군가에게 도움이 되는지를 생각해 보고, 거기에 대한 결과로서 대가를 얻는 방식으로 전환되어야 합니다.

오랜 세월에 걸쳐 딸기 농사를 지어 온 여든 살의 할아버지가 있었습니다. 체력이 떨어졌기 때문에 예전처럼 많은 양의 딸기를 수확할 수는 없었지요. 출하시키는 딸기의 양이 적어져 농사를 짓는 데 들어간 경비를 빼면 거의 이득이 없는 상태였습니다. 할아버지의 건강을 우려한 가족들은 이제 딸기 농사를 그만두길 바랐습니다. 아들은 이득이 나지도 않는데 힘들게 일하는 것은 손해라며 할아버지를 말렸습니다. 하지만 할아버지는 딸기 농사를 그만

두려고 하지 않았습니다.

　어느 날 아들이 밭에서 딸기를 수확하고 있는 아버지의 모습을 봤습니다. 옆에는 어린 손녀가 함께 있었습니다. 할아버지는 맛있게 생긴 딸기를 따서 손녀에게 먹여 주었습니다. 입 안 가득 딸기를 넣고 활짝 웃는 손녀를 보며 할아버지는 몹시 행복한 미소를 지었습니다. 그것을 본 아들은 마음속으로 결심했습니다. 건강이 허락하는 한 딸기 농사를 계속 짓게 해 드려야겠다고.

　할아버지는 손녀뿐만 아니라 이웃 주민들에게도 딸기를 많이 나눠 주었습니다.

　"왜 힘들게 딸기 농사를 계속 짓는 겁니까?"라고 누군가 묻는다면 할아버지는 분명 이렇게 대답했을 것입니다.

　"딸기를 맛있게 먹는 이들의 웃는 낯을 보기 위해서입니다."

　이보다 더 행복한 동기는 없을 것입니다. '인간은 왜 일을 하는가?'라는 질문에 할아버지는 오랜 세월에 걸쳐 그 대답에 도달했을 것입니다.

고독은 사람을
강하게도, 약하게도 만든다

누구에게도 방해받지 않는 혼자만의 고독한 시간. 그런 시간을 갖는 것은 중요합니다. 나이와 상관없이 고독한 시간을 갖는 것에는 의미가 있습니다.

주인공主人公이라는 선어가 있습니다. 이것은 영화나 드라마에서 사용하는 의미와 조금 다릅니다. 선에서는 인간이라면 누구나 마음속에 불성佛性을 가지고 있다고 생각합니다. '불성'이란 '본래의 자기' 즉 '본래 자신의 모습'이지요. 그리고 이 '본래의 자기'를 발견하고, 그것과 정면으로 마주하며 자신만의 인생을 살아가는 것이 바로 '주인공'입니다.

우리는 사회생활을 하면서 다양한 '자신'을 가지고 살아갑니다. 회사에 가면 '과장'이라는 자신이 있고, 집에 돌아가면 '아버지'와 '남편'으로서의 자신이 기다리고 있습니다. 부모님 앞에서는 '자식'이라는 자신도 있지요. 지역 사회에서는 또 다른 자신이 있을 것입니다. 그렇게 생각하면 우리는 실로 많은 '자신'을 끌어안고 살아가는 것이지요.

이렇게 다양한 '자신'을 끌어안고 살아가다 보면 때때로 '본래의 자신'이 누구인지 알 수 없게 될 때도 있습니다. 그렇다면 진짜 자신은 어디에 있는 것일까요?

열심히 살고 있지만 마치 타인의 인생을 살고 있는 것 같은 감각에 휩싸이는 경우가 있습니다. 그럴 때는 자기 자신과 진지하게 마주하는 시간, 누구에게도 방해받지 않고 자문자답할 수 있는 시간을 가져야 합니다. 그런 시간을 통해 자신을 재발견할 수 있게 됩니다.

마음만 먹으면 누구나 고독한 시간을 가질 수 있습니다. 예를 들어 퇴근길에 전철에서 한 정거장 먼저 내려 집까지 걸어가 보는 것입니다. 집까지 30분 정도의 거리라면 그 30분 동안 고독한 시간을 가질 수 있습니다. 휴일에 혼자서 산책을 하러 가는 것도 좋은 방법입니다. 이렇듯 평범한 일상 속에서 잠시라도 고독한 시간을 가져 보길 바랍니다. 그런 시간이 곧 '주인공'과 마주하는 시간으로 이어질 수 있습니다.

그런데 인생의 오르막길과 달리 내리막길에서는 짊어지고 있던 다양한 '자신'이 하나둘 사라져 갑니다. 회사에서 '과장'이라는 자신이 없어지고, 가족 안에서의 '자신'도 변화해 갑니다. 그때까지 '밖에 있는 자신'에게만 중점을 두었던 사람은 두려움을 느낄 것입니다. 자신이라는 존재가 옅어져 가는 것 같은 두려움. 그래서 새로운 '역할'을 찾으려 하지만 그것도 쉽지 않습니다.

더 이상 표면적인 자신을 쫓지 말고 본래의 자신을 찾아야 합니다. 내리막길에서는 그럴 시간이 충분히 있습니다. 내리막길에서는 일상생활 속에서 고독한 시간을 마음껏 가질 수 있습니다. 그것은 인간으로서 성숙해지기 위해 필요한 시간이며, 결코 쓸쓸한 일이 아닙니다.

다만 오해하지 말아야 할 것은 고독한 시간을 갖는 것이 결코 고립을 의미하는 것이 아니라는 것입니다. 고립된 시간 속에서는 자기 자신을 발견할 수 없습니다. 고립이 가져오는 것은 불안과 적막감 그리고 시기심입니다.

개중에는 스스로 고립되고자 하는 사람도 있습니다. '다른 사람과 관계를 맺는 것이 성가시다', '혼자서 나 편할 대로 살면 된다',

‘다른 사람에게 도움을 구하고 싶지 않다’, ‘날 그냥 내버려 뒀으면 좋겠다’라며.

하지만 그것은 진심이 아닐 것입니다. 진심으로 타인을 거부하는 사람은 세상에 없습니다. 도움이 필요하지 않다는 것은 허세에 지나지 않습니다. 인간은 늘 다른 누군가와 이어져 있기를 원합니다. 누군가와 직접 만나지 않더라도 끈끈한 유대감을 느끼고 싶어 하지요. 그것이 인간의 본능입니다. 고립되는 것은 유대감을 가지지 못하는 것입니다. 그것은 매우 괴로운 일이며 머지않아 견딜 수 없게 될 것입니다.

《방장기》方丈記(가모노 초메이가 쓴 가마쿠라 시대의 수필집)를 쓴 가모노 초메이鴨長明. 그는 만년에 방장암 方丈庵이라는 암자에 틀어박혀서 혼자 살았습니다. 은거隱居는 승려가 추구하는 이상적 삶의 방식 중 하나이지요.

하지만 그도 고립은 견딜 수 없었던 모양입니다. 종종 마을로 나가서 마을 사람들과 술잔을 기울였다고 합니다. 표면상으로는 마을 사람들의 마음을 치유하기 위해서였다고 하지만, 그 역시 고립으로부터 치유받기 위한 시간이었을 것입니다. 고독한 시간을 소중히 여기면서 고립되지 않은 삶. 가모노 초메이가 실천했던 것은 바로 그것이 아니었을까 싶습니다.

고독한 시간을 두려워하지 말고, 그 안에 있는 '본래의 자신'과 마주하십시오. 스스로에게 질문을 던지면서 천천히 하산하길 바랍니다. 그 고독이 당신의 마음을 강하게 만들어 줄 것입니다.

만약 지금 자신의 마음이 약해져 있다면 그것은 어쩌면 고립된 것일지도 모릅니다. 사람들 사이에서 고립되어서는 안 됩니다. 고립은 사람의 마음을 약하게 만들 뿐입니다.

문득
멈춰 서 보다

이제까지는 계속해서 인생을 달려 왔습니다. 멈춰 서서 생각할 겨를도 없이 그저 계속해서 달리기만 했습니다. 인생의 오르막길이란 원래 그런 시기입니다. 이것저것 생각해 봤자 소용없습니다. 당장 눈앞에 쌓여 있는 일들을 처리해야 하고, 가족을 지켜야 하기 때문에 멈춰 서 있을 여유가 없습니다.

하지만 언젠가 멈춰 서야 하는 날이 옵니다. 더 이상 달릴 수 없는 날이 반드시 찾아옵니다. 그것을 유념하면서 잠시 멈춰 서 보는 시간을 갖는 것. 그것이 인생의 내리막길에 필요합니다.

어떤 사람은 쉰 살이 지나도록 계속해서 달리기만 합니다. 앞을 향해 끊임없이 올라갑니다. 그것이 잘못된 것은 아니지만 역시 그 나이쯤 되면 멈춰 설 줄도 알아야 합니다.

간혹 계속해서 달리는 사람 중에는 멈춰 서는 것에 대한 두려움을 가지고 있는 사람이 많습니다. '여기서 멈춰 버리면 더 이상 달릴 수 없게 되는 게 아닐까?', '멈춰 선 후에 거기서 어떤 의미를 찾아내야 하는 걸까?'라는 생각을 하며 멈춰 서는 것을 피하려고만 합니다. 그것은 흡사 죽음에 대해서 생각하지 않으려 하는 것과 비슷합니다.

내리막길에 들어섰음에도 죽음에 대해 생각하지 않으려는 사람이 많습니다. 언젠가 죽음이 찾아올 것임을 알면서도 '죽음을 생각하는 것은 재수 없다', '죽음을 의식하는 것은 안 좋은 것이다'라며 애써 외면하려 합니다. 하지만 잘못된 생각입니다. 인간은 죽음과 마주함으로써 살아 있다는 것의 의미를 생각하게 됩니다. 죽음이 존재하기 때문에 살아 있음에 감사할 수 있는 것이지요.

잠시 멈춰 서서 자신의 인생에 대해 생각해 보십시오. 이제껏 걸어온 길을 되돌아보고, 앞으로 걸어가야 할 길에 대해서 생각합시다. 과연 이대로 같은 길을 계속 달려도 되는지, 내가 가려는 길이 이 길이 맞는지. 머지않아 찾아올 죽음을 온 마음으로 품고 자신의 인생에 대해 생각하는 시간을 가져야 합니다.

저는 많은 분들에게 성묘를 추천하고 있습니다. 제가 절의 주지이기 때문이 아닙니다. 성묘를 하는 시간의 소중함을 전하기 위해서입니다.

묘지에 올릴 꽃을 들고 혼자서 성묘를 하러 갑니다. 거기에는 부모님과 조부모님께서 잠들어 계십니다. 물에 적신 걸레를 손으로 꽉 짜서 묘비를 정성껏 닦습니다. 그때 사람은 희한하게도 묘지를 향해 말을 걸게 됩니다.

"아버지, 저는 지금 이대로 괜찮은 걸까요?", "어머니, 이런 고민이 있어요. 전 이제 어떻게 하면 좋죠?"라고. 물론 대답은 돌아오지 않습니다. 아버지께서 충고를 해 주시는 것도, 어머니께서 다정하게 위로를 해 주시는 것도 아닙니다. 하지만 희한하게 마음이 안정됩니다. 비록 대답은 들을 수 없지만 아버지와 어머니의 따스함을 느낄 수 있기 때문입니다. 이런 시간을 가짐으로써 내일부터 다시 힘을 내서 달릴 수 있는 것입니다.

성묘를 하는 것은 멈춰 서서 자신을 바라보는 것이기도 합니다. 하지만 묘지가 너무 멀어서 가지 못하는 사람도 있을 것입니다. 아니, 도시에 살고 있는 사람이라면 가까운 곳에 묘지가 없는 경우가 더 많을 것입니다. 그런 사람들은 불단을 마련하는 것도 좋은 방법입니다. 옛날처럼 거창할 필요는 없습니다. 작은 불단이어도 좋습니다. 거기에 부모님이나 조부모님의 위패를 놓고 향을 피울 수 있으면 됩니다.

짧은 시간 동안 불단 앞에 서서 향을 피웁니다. 단 1분이라도 상관없으니 조상님과 마음으로 대화를 나누는 것입니다. 그런 시간 또한 멈춰 설 수 있는 시간이 됩니다.

추억은
인생의 보배

일본에서는 절에 다니던 신자가 돌아가시면 승려가 그분께 법명을 붙여 드립니다. 물론 오랫동안 알고 지낸 사이지만, 법명을 지을 때는 다시 한 번 그분이 걸어온 길과 인품에 대해 가족 분들께 이야기를 듣습니다. 가능한 한 시간을 충분히 들여서 돌아가신 분께 가장 잘 어울리는 법명을 붙여 드립니다.

어느 날 남편을 잃은 여든 살의 부인이 절에 찾아왔습니다. 그래서 법명을 짓기 위해 돌아가신 분에 대한 이야기를 들어 보았습니다. 그런데 그 부인은 남편이 어떤 일을 했었는지, 어떤 업적을 남겼는지에 대한 이야기는 일절 하지 않고, 그저 행복한 표정으로 남편과 함께했던 즐거운 추억만 이야기했습니다.

"남편은 고생을 많이 했어요. 열심히 일했지만 돈은 많이 벌지 못했지요. 저도 고생을 많이 했지만 그래도 남편은 저에게 많은 추억을 남겨 주었어요. 저는 그것만으로 충분히 행복했습니다."

정말로 행복한 표정이었습니다. 그런 부인을 보면서 '이 부부는 행복하게 인생의 하산을 함께했구나'라고 생각했습니다.

부인이 소중히 여기는 많은 추억. 그것은 단순히 여행에 데려가 줬다든지, 뭔가를 사 줬다든지 하는 것이 아니었습니다. 일상생활 속에서의 따뜻한 추억이었습니다.

저녁식사 때 부부가 도란도란 이야기를 나누었던 일. 함께 큰 소리로 웃었던 일. 자신이 감기에 걸렸을 때 남편이 열심히 병간 호를 해 주었던 일. 평소에는 요리를 안 하던 남편이 부엌을 엉망 으로 만들어 가면서 죽을 쑤어서 먹여 주었던 일.

부인은 그런 따스한 추억과 마주할 때마다 행복과 슬픔이 밀려 든다고 했습니다.

추억이란 기억과는 다른 것입니다. 기억이란 단순히 그곳에 갔 었다거나 여행지에서 뭔가를 먹었다는 사실이 머릿속에 남아 있 는 것입니다. 하지만 추억이란 여행을 갔을 때 다정하게 이야기를 나누었던 일, 맛있는 음식을 먹으며 서로의 얼굴을 바라보며 방긋

웃었던 일과 같이 머릿속이 아니라 마음속에 남아 있는 것입니다.

마음속에 남을 만한 추억을 만들려면 서로에 대한 배려가 필요합니다. 단순히 행동을 함께하는 것만이 아니라, 상대방의 마음을 배려하며 함께 걸어가는 것입니다. 서로의 건강을 염려하면서 함께 마음을 맞대고 걸어가는 길. 그 길에서 따스한 추억이 탄생하는 것입니다.

내리막길에서는 그런 추억을 많이 만드는 것이 중요합니다. 부부는 물론이거니와 친구나 주위 사람들과도 따뜻한 추억을 많이 만들어야 합니다.

그러기 위해서 어딘가로 여행을 떠나 보는 것이 어떨까요? 여행지는 어디라도 좋습니다. 호화로운 여행일 필요는 없습니다. 그저 두 사람이 서로 마음을 기댈 수 있는 여행이라면 그것만으로 추억에 남을 것입니다.

머지않아 우리는 인생의 종착점에 도달합니다. 저세상으로 여행을 떠날 때 '아아, 내 인생은 참 좋았어. 행복한 여정이었어'라고 생각하게 만들어 주는 것은 무엇일까요? 그것은 결코 일에서의 성공이나 출세는 아닐 것입니다. 아무리 돈이 많아도 그것을 저승까지 가져갈 수는 없습니다. 만약 저승에 가져갈 수 있는 것이 있다면 그것은 추억이 아닐까요?

앞서 말했던 남편분의 장례식은 무사히 마쳤습니다. 진심을 담아 따뜻하게 배웅해 드렸습니다. 비록 남편의 육신은 사라졌지만, 부인의 마음속에는 언제나 남편이 살아 있을 것입니다. 분명 부인은 하루 세 번의 식사 때마다 남편을 떠올리며 따뜻한 미소를 지을 것입니다.

고향에 대한
그리움을 소중히

한 남자가 있었습니다. 그는 시골에서 고등학교를 졸업하고, 도쿄로 올라와서 대학에 다녔습니다. 그리고 도쿄에 있는 회사에 취직해서 결혼을 했습니다. 대략 40년간 도쿄에서 산 것이지요. 그런 그가 어느 날 이런 말을 했습니다.

"고향에서 살았던 것은 고작 18년뿐이라 도쿄 생활이 훨씬 더 익숙합니다. 고향의 계신 부모님도 이미 세상을 떠나셨지요. 그런데 문득문득 고향에 돌아가고 싶다는 생각이 들어요. 이제 그곳에 부모님이 계시는 것도 아니고, 마을 풍경도 딴판으로 바뀌었을 텐데 이상하게 고향을 떠올리면 나도 모르게 눈물이 납니다. 고향이란 참 희한해요."

이와 비슷한 감정을 느끼는 사람이 많을 것입니다. 따지고 보면 고향에서 살았던 시간보다 도쿄에서 보낸 시간이 훨씬 길지도 모릅니다. 그런데도 마음 한구석에서는 늘 고향을 그리워합니다. 고향이란 그런 것입니다.

인생에서 자신을 키워 준 곳. 마음과 육체를 길러 준 곳. 말하자면 고향은 인생의 원점이라 할 수 있는 곳입니다. 그것은 얼마나 오래 살았느냐의 문제가 아닙니다. 설령 그곳에 살았던 기간은 짧더라도 거기에는 매우 짙은 시간이 흐르고 있습니다.

떠올려 보십시오. 어린 시절의 하루는 매우 길었을 것입니다. 아침에 눈을 떠서 밤에 잠들 때까지의 시간이 어른이 된 지금의 2배 혹은 3배나 길게 느껴지지 않았습니까? 매일매일 미지의 것들로 가득 차 있어서 친구와 함께 새로운 경험을 하고, 처음으로 그 친구와 싸움을 하기도 하며 하루하루를 보냈을 것입니다. 그 감동이 매우 짙기 때문에 지금도 고향의 풍경이 선명하게 남아 있는 것이지요.

살아가면서 뭔가에 망설여질 때, 괴로운 현실에서 도망치고 싶어질 때, 저는 고향으로 돌아가라고 말해 주고 싶습니다. 그곳에는 이제 부모님이 안 계실지도 모릅니다. 어린 시절에 살았던 집도 없어졌을지 모릅니다. 또한 마을의 모습이 전혀 다르게 바뀌었을 수도 있습니다. 그렇지만 그곳에는 예나 지금이나 변함없이 흐르고 있는 강이 있습니다. 높은 산은 몇 백 년이나 그 자리에 우뚝 솟아 있습니다. 또한 고향을 감싸는 바람 내음은 여전할 것입니다. 그곳에 가서 자신의 모습을 다시 바라보십시오. 도시에서는 느낄 수 없는 것, 잃어 가고 있던 자신의 인생을 고향의 풍경 속에서 재발견하게 되는 경우가 있습니다.

저는 요코하마에서 태어나서 자랐습니다. 그리고 겐코지建功寺가 여기 있는 한 나는 이곳에서 움직일 수 없습니다. 어떤 의미에서 저에게는 그리워할 고향이 없는 셈이지요. 자신의 고향에 대해서 신나게 이야기하는 사람들을 보면 조금 부러울 때가 있습니다. 그런 저 역시 몇 년에 한 번은 어릴 적에 다녔던 초등학교나 중학교에 찾아가곤 합니다.

학교는 제가 다닐 때와 딴판으로 변해 버렸습니다. 운동장에 있던 놀이 기구도 바뀌었고, 교정에서 놀고 있는 아이들의 복장도 너무나 달라졌습니다. 하지만 잠시 눈을 감고 귀를 기울이면 그리운 목소리와 벨 소리가 들려옵니다. 비가 그친 후의 교정의 냄새는 그 시절과 똑같습니다.

그런 그리운 내음 속에 있으면 마치 진짜 나 자신을 만난 것 같은 기분이 듭니다. 그것은 본당에서 좌선을 할 때의 기분과 비슷합니다. 눈앞에 산적해 있는 일에서 그리고 마음을 소란스럽게 만드는 것들에서 해방되어 어린 시절의 순수했던 마음으로 돌아갈 수 있습니다. 그곳에 가면 정말 기분 좋은 시간이 기다리고 있습니다.

인생의 내리막길에 들어서면 시간적인 여유가 생깁니다. 오르막길에서는 24시간 생각할 것들이 잔뜩 있어서 고향을 그리워할 틈도 없습니다. 그러니 고향을 찾아가는 것은 더 힘들겠지요.

하지만 하산의 시기에는 할 수 있습니다. 어느 날 문득 고향이 떠올랐을 때 그 길로 고향에 내려가 보는 것이 어떨까요? 특히 부모님께서 살아 계신다면 지체 없이 고향으로 내려갑시다.

연로하신 어머니께서 시골에 계십니다. 걱정이 되기는 하지만 바쁘다는 핑계로 좀처럼 찾아뵙지 못하고 있습니다. ‘올여름에 찾아뵙지 뭐’ 하고 뒤로 미룹니다. 그리고 나면 그 ‘여름’마저 순식간에 지나가 버리지요. 돌아가려고 마음만 먹으면 언제든지 돌아갈 수 있지만 귀찮다는 생각이 앞서게 됩니다.

만약 그 ‘여름’을 뒤로 미뤘는데 그해 겨울에 어머니께서 돌아가신다면 어떨까요? 고향에 내려가는 것을 귀찮아하며 내내 어머니를 만나러 가지 못했다면 어떨까요? 분명 그 후회가 날카로운 가시가 되어 가슴속에 박히게 될 것입니다. 두 번 다시 어머니의 그리운 얼굴을 볼 수 없습니다. 두 번 다시 어머니께서 만들어 주신 음식을 먹을 수 없습니다.

시간 여유가 생기면 고향에 돌아가십시오. 마음의 치유가 될 것입니다. 고향이라는 존재는 자신이 생각하고 있는 것 이상으로 커다란 존재입니다.

불역과 유행으로
시선을 돌리다

무서운 속도로 정보가 퍼져 나가고 끊임없이 새로운 유행이 탄생합니다. 미국에서 유행하고 있는 것이 순식간에 일본으로 넘어와 많은 사람들이 아무 생각 없이 그 유행을 따릅니다. 새로운 가게가 오픈하면 장사진을 치고 기다립니다. 그리고 그 유행은 순식간에 끝나 버리지요.

예전에 일본인은 하나의 것을 받아들이는 데 꽤 오랜 시간이 걸렸습니다. 중국에서 들어온 면 요리로 예를 들어 보겠습니다. 일본은 중국의 면 요리를 그대로 받아들이지 않고, 일본인의 입맛에 맞춰 라면을 만들어 냈습니다. 파스타만 하더라도 서양의 것을 그

대로 받아들이지 않고, 어떻게 하면 우리의 식생활에 맞출까 궁리하면서 오랜 시간을 들여 받아들였습니다. 그렇게 오랜 시간을 들여 받아들인 것들은 그 후로 오랫동안 이어질 수 있었습니다. 그런데 현대사회는 받아들이는 속도가 너무 빠른 것 같습니다. 음식과 패션뿐만 아니라 가치관마저 이내 받아들여 버립니다. 미국의 유명한 경영자의 말 한마디를 아무 생각 없이 받아들이거나, 인기 아티스트의 생각에 무조건 박수를 보내거나 하지요.

아무래도 젊을 때는 새로운 것에 관심을 가지는 법입니다. 유행을 좇는 것도 어떤 의미에서는 어쩔 수 없는 일입니다. 하지만 어느 정도의 나이가 들면 무조건 남들을 따라 하는 것이 아니라 자신의 머리로 사고하는 작업이 필요합니다.

만약 썩 내키지 않은 유행이 찾아와도 젊은이들은 그 유행을 따르려고 할 것입니다. 하지만 적지 않은 나이를 먹고도 젊은 사람들처럼 무조건 유행을 따르는 것은 보기에 좋지 않습니다. 내리막길에 접어든 사람의 역할은 위태로워 보이는 젊은이들을 제지하는 것이라고 생각합니다. 그들에게 무조건 유행을 좇는 것의 위험성을 가르쳐 줘야 합니다. 혹시 그들이 조금 반발을 하더라도 잠깐 멈춰 서라고 말해 주는 것. 그것이 나이를 먹은 사람이 해야 하는 역할이 아닐까요?

‘불역不易과 유행’이라는 말이 있습니다. ‘불역’이란 시대가 아무리 바뀌어도 결코 변하지 않는 것을 가리킵니다. 예를 들어 어떤 시대든, 세상이 얼마나 변했든 결코 변하지 않는 마음이 있습니다. 국가와 언어는 달라도 자기 자식을 잃은 슬픔은 절대로 변하지 않을 것입니다. 자식을 향한 부모의 사랑은 세상이 아무리 바뀌어도 변할 리 없는 것입니다.

선악만 해도 그렇습니다. 다른 사람의 목숨을 빼앗아서는 안 된다는 것은 결코 바뀌지 않습니다. 아니, 바뀌어서는 안 되는 것이지요. 세상이 아무리 변해도 결코 바뀌어서는 안 되는 것. 그것이 바로 ‘불역’입니다.

이에 반해 ‘유행’이란 변하는 것입니다. 시대의 변화와 함께 많은 것들이 변해 갑니다. 10년을 하루처럼 똑같이 머물러 있을 수는 없습니다. 변화에 대해서 불필요한 저항 없이 받아들이는 자세도 필요합니다.

이 ‘불역과 유행’이라는 것으로 시선을 돌려야 합니다. 이 세상에는 바뀌어 가는 것과 바뀌지 않는 것이 있습니다. 반드시 바뀌어야 하는 것과 바뀌어서는 안 되는 것이 있습니다. 그것이 무엇일까요? 이제까지 쌓은 많은 경험을 바탕으로 자기 자신에게 질문을 던져 볼 필요가 있습니다.

인생이라는 산을 열심히 오르고 있는 후배들. 그들이 길을 잃지 않도록 그리고 유행에 쉽게 현혹되지 않도록 인생의 선배로서 조언을 해 줘야 합니다. 그것이 인생의 내리막길에 있는 사람이 해야 할 일입니다. 그러기 위해서는 세상의 풍조에 현혹되지 말고, 언제나 두 눈을 크게 떠야 합니다.

수급불류월水急不流月이라는 선어가 있습니다. 이 말을 직역하면, '아무리 강의 물살이 빠르더라도 강물 위로 비친 달그림자는 떠내려가지 않는다'입니다. 여기서 말하는 물살이란 세상에 일어나는 모든 일을 의미합니다. 그리고 강물 위로 비친 달그림자란 자신의 마음입니다.

세상을 신경 쓰는 것은 당연한 일입니다. 세상에서 일어나는 일들이 신경 쓰이는 것도 당연합니다. 하지만 그 풍파에 쉽게 떠내려가서는 안 됩니다. 마음이 흔들리더라도 본래 자신의 모습을 잃어서는 안 됩니다. 수급불류월은 언제나 변치 않는 부동의 마음을 가져야 한다는 가르침인 것입니다.

세상에 일어나는 다양한 사건 그리고 끊임없이 밀려드는 엄청난 양의 정보. 그 파도에 휩쓸리지 않고 그것들을 위에서 내려다봐야 합니다.

다른 이의 가치관을 무조건 받아들이지 말고 일단 자신의 가치

관에 비추어 바라보십시오. 그렇게 할 수 있다면 당신의 하산길에
는 이제까지 없던 깊이가 생겨날 것입니다.

제2의 인생은
연장전이 아니다

어느 스포츠 선수가 리벤지revenge라는 말을 쓰고 나서부터 그 말이 유행처럼 번지기 시작했습니다. 그 말을 풀이하자면 '되갚다' 또는 '보복하다'라는 의미이지요. 저는 개인적으로 이 말을 좋아하지 않습니다.

현대사회에서는 인생을 이기고 지는 것으로 파악하려는 풍조가 만연해 있습니다. 예를 들어 회사에서 임원이 되면 이기는 것이고 임원이 되지 못하면 지는 것, 연봉이 높으면 이기는 것이고 낮으면 지는 것이 됩니다. 도대체 무엇을 기준으로 승패의 선을 긋는 것인지 모르겠지만, 그렇게 따진다면 대부분의 사람들이 패배자 그룹에 들어갈 것입니다. 소위 성공한 사람이라 일컬어지는 이들은 극소수에 지나지 않습니다. 그렇기 때문에 '리벤지'라는 말에 끌리는 것이 아닐까요?

'회사의 출세 경쟁에서 저 녀석에게 졌다. 내가 저 녀석보다 더 능력이 있는데 운이 나빠서 패배자가 돼 버렸다. 제2의 인생에서는 반드시 역전시켜서 되갚아 주겠다.'

그렇게 결심하고 제2의 인생을 걸어가려는 사람이 있습니다.

그런데 상대방에게 되갚아 준다는 것은 도대체 무슨 의미일까요? 제2의 인생에서 더 많은 돈을 벌겠다는 소리일까요? 아니면 상대방보다 보란 듯이 더 행복해지겠다는 것일까요? 아마 자기도 잘 모르면서 무조건 '인생의 리벤지'를 하려는 것 같습니다. 그게 도대체 무슨 의미가 있을까요?

하나의 산을 다 내려가면 그것으로 그 등산은 끝이 납니다. 눈앞에는 다시 새로운 산이 서 있습니다. 그 산이 바로 제2의 인생의 산이며, 이제부터 목표로 해야 하는 산인데 이미 하산한 산에 두고 온 것들만 아쉬워하며 발을 동동 굴러서는 제2의 산을 즐기며 올라갈 수 없습니다.

제2의 인생이란 연장전이 아닙니다. 설령 첫 번째 산에서 괴롭고 분한 일이 있었다 하더라도 그것은 다 잊어야 합니다. '제2의 인생에서 리벤지를 하겠다'라는 것은 게임이 끝났는데도 연장전을 하게 해 달라며 억지를 부리는 것과 같습니다. 일부러 고통스럽게 연장전에서 싸우려 하는 것이지요.

우리 인생에서 괴롭고 분한 일은 많이 있습니다. 실패도 많을 것이며, 후회되는 일도 셀 수 없을 만큼 많을 것입니다. 특히 필사적으로 올라갔던 그 첫 번째 산에 두고 온 것들이 많이 생각날 것입니다. 하지만 그것을 잊지 못한 채 안타까워하며 살아가는 것은 제2의 인생에 방해가 될 뿐입니다. 하나의 등산을 마쳤으면 깔끔하게 다 잊어야 합니다.

물론 모든 것을 잊기는 힘들 것입니다. 지난 일에 대한 후회와 실패했던 기억이 계속해서 머릿속에 떠오르겠지요. 그렇더라도 지난 일을 만회하려 들지 말고, 풍요로운 제2의 인생을 위해 그것들을 잘 활용하는 것이 좋습니다. 과거에 대한 리벤지를 하는 것이 아니라 과거로부터 배우고자 하는 자세를 가져야 합니다.

집착을 버리는 것이 선의 정신입니다. 과거의 실패가 떠오르더라도 그 실패에 집착해서는 안 됩니다. 후회해 봤자 달라지는 것은 아무것도 없습니다. 그렇다면 그 후회는 이제 그만 덮어 두고 다른 쪽으로 눈을 돌리는 것이 어떨까요? 누군가에게 패배했다는 것에 집착하면 결국 자기 자신의 마음만 일그러질 뿐입니다. 집착을 버리고 다음 산을 오르기 시작해야 합니다. 그것이 '제2의 인생'의 의미라고 생각합니다.

그런데 다음 산은 과연 어떤 산일까요? 그것은 완만한 언덕과 같은 산일 것입니다. 이제 가파른 산은 오르지 못하며, 오를 필요도 없습니다. 완만한 언덕을 오르면 거기에는 편히 쉴 수 있는 평지가 펼쳐져 있습니다. 그곳에 멈춰 서서 주변의 아름다운 풍경을 마음껏 즐기면 됩니다.

초조해하며 서둘러서 내려갈 필요도 없습니다. 뒤에서 쫓아오는 사람은 이제 아무도 없습니다. 그런 편안한 산에 오르는 것이 이제까지 열심히 살아온 것에 대한 보상입니다.

그리고 언젠가는 그 완만한 능선을 따라 내려가야 할 때가 찾아옵니다. 그곳에서 내려온 끝에 펼쳐진 세상은 지금 이 세상과는 별개의 세상입니다. 누구나 제2의 산이나 제3의 산을 하산한 후 머지않아 죽음을 맞이하게 됩니다. 그런 순간이 찾아오면 첫 번째 산에 두고 온 것 따위는 전혀 생각나지 않을 것입니다. 만약 인생에 '리벤지'라는 것이 있다면 그것은 마지막 순간에 행복을 느끼는 것이 아닐까요?

행복이란
'만들어지는 것'이
아니다

행복해지고 싶다. 그것은 누구나 바라는 바입니다. 따라서 어떻게 하면 '행복해질 수 있을까?'를 필사적으로 생각합니다. '행복해지기 위해서 어떻게 하면 좋을까?', '무엇을 손에 넣어야 행복해질 수 있을까?' 하고 어딘가에 떨어져 있을 행복의 씨앗을 열심히 찾아 헤맵니다.

좋은 학교를 나오면 행복해질 수 있다, 일류 회사에 들어가면 행복해질 수 있다, 출세를 해서 월급이 오르면 행복해질 수 있다, 결혼해서 자식을 낳으면 행복이 기다리고 있을 것이다.

그렇게 굳게 믿고, 출세와 돈이라는 씨앗을 주우려고 합니다.

그런데 그 행복의 씨앗은 손에 넣은 순간 사라져 버립니다. 가령 그 씨앗으로 꽃을 피웠다 하더라도 금방 시들고 맙니다. 그러면 다시 다른 행복의 씨앗을 찾기 위한 여행이 시작되지요. 주우면 잃고, 꽃을 피우면 금방 사라집니다. 그 반복이 인생인 것일지도 모릅니다.

행복이란, 무엇인가가 만들어 주는 것이 아닙니다. 자신의 마음이 느끼는 것이지요. 만약 무엇인가가 행복을 만들어 주는 것이라면 인생은 매우 단순하고 간단할 것입니다. 예를 들어 돈이 인생을 행복하게 만들어 준다면 월급이 100만 엔이 되면 모든 사람이 행복해질 것입니다. 하지만 실제로 100만 엔의 월급을 받는데도 전혀 행복을 느끼지 못하는 사람이 많습니다. 반대로 월급은 20만 엔밖에 되지 않지만 하루하루 행복하게 살아가는 사람도 많이 있습니다.

결혼은 했지만 전혀 행복을 느끼지 못하는 사람도 있고, 자식이 없거나 혹은 독신이어도 충실한 나날을 보내는 사람이 있습니다.

무언가가 자신을 행복하게 만들어 주는 것이 아닙니다. 뭔가를 손에 넣기만 하면 행복해질 수 있는 것이 아닙니다. 행복이라는 것은 진심으로 자신이 행복하다고 느꼈을 때 찾아오는 것입니다. 그것을 빨리 깨닫길 바랍니다.

특히 제2의 인생에서는 다양한 것에서 소소한 행복을 느낄 줄 알아야 합니다. 젊은 시절에는 행복해지기 위한 도구가 필요합니다. 넘칠 정도의 욕망을 끌어안고 필사적으로 뭔가를 손에 넣고자 하지요. 물론 그것은 앞으로 나아가기 위한 힘이 되기도 합니다. 인생에는 그런 시기도 있는 것입니다. 다만, 인생의 오르막길이 끝난 후에는 그럴 필요가 없습니다. 있지도 않은 도구를 찾아 헤매지 말고 가까운 곳에 있는 행복을 느껴야 합니다.

아침에 눈을 뜨면 그것만으로 행복한 기분이 들 것입니다. 오늘도 이렇게 살아 있구나 하고. 아침 햇살을 맞으며 그저 살아 있다는 행복을 느껴 보십시오. 비에 젖어 추위를 느끼는 것 또한 '살아 있다'라는 행복에서 생겨납니다.

산책을 하며, 길가에 핀 한 송이 꽃을 보십시오. 이제까지는 미처 깨닫지 못했겠지만 그 꽃은 해마다 그곳에 피어 있었을 것입니다. 그 가련한 꽃 한 송이를 사랑스럽게 바라보는 것만으로도 따스한 행복을 느낄 수 있습니다.

언제나 행복한 미소를 짓고 있는 사람이 있습니다. '저 사람은 참 행복해 보여', '항상 웃고 있는 걸 보면 분명 축복받은 삶을 살고 있을 거야'라고 주변 사람들은 생각할 것입니다. 하지만 그 사람은 뭔가 특별한 것을 가진 것이 아닙니다. 그저 작은 행복을 느낄 수 있는 힘을 가진 것이지요.

행복의 분량은 모든 사람에게 똑같이 주어집니다. 누군가는 더 많은 행복을 갖고, 누군가는 적게 가진 것이 아닙니다. 그럼에도 어떤 사람은 늘 행복해하고, 어떤 사람은 늘 불행한 얼굴을 하고 있지요. 그 차이는 행복을 느끼는 힘에 있습니다.

그 힘은 누구나 가질 수 있습니다. 방법은 매우 간단합니다. 그 저 '행복이란 무엇인가가 만들어 주는 것이 아니라 스스로의 마음으로 느끼는 것'이라고 생각하면 됩니다. 행복에 대한 관점을 조금만 바꾸면 누구라도 그 힘을 가질 수 있습니다.

反本還源

본래의 모습으로 돌아가
다시 출발점에 서다

4장

십우도로 보는 인생이라는 산

진짜 자기 자신을
찾아 나서는
열 가지 여행 이야기

'십우도'十牛圖라는 선의 깨달음에 이르는 과정을 그린 열 장의 그림이 있습니다. 말하자면 '선의 입문서'와도 같은 것이지요. 중국의 송나라 때 만들어졌다고 합니다. 이것은 이름 그대로 소를 주제로 한 열 장의 그림입니다. 서문에서도 언급했지만, 저는 이 십우도를 통해 인간의 인생을 깨달았습니다.

이 열 장의 그림에는 우리가 살아가는 인생 그 자체가 담겨 있습니다. 이것은 본래 수행승을 위해 그려진 것이지만, 일반인들에게도 시사하는 바가 큽니다. 그래서 이번 장에서는 십우도를 우리의 인생에 비추어 제 나름대로 해석을 붙여 보았습니다.

— '진정한 나'를 찾아 나서다 —

1. 심우(尋牛) : 소를 찾아 나서다

십우도의 첫 번째 그림입니다. 그림을 보면 알 수 있듯이 한 동자가 소를 찾아다니고 있습니다. '소는 어디에 있을까? 어떻게든 잡아야 해'라는 마음으로 소를 찾고 있습니다.

그런데 여기서 말하는 '소'란 무엇을 의미할까요? 선에서는 '깨달음', '본래의 자기', '진리'라고 설명합니다. 좀 더 쉽게 말하자면 '본래 자신의 모습'이라고 할 수 있겠습니다.

사춘기에 싹트기 시작한 자아自我. '나는 도대체 어떤 존재인가?', '무엇을 위해 이 세상에 태어났는가?', '앞으로 내가 인생을 걸고 해야 하는 일은 무엇인가?' 하는 관념적인 질문이 자연스럽게 싹트기 시작합니다. 이것이 소위 자아의 각성이라는 것입니다.

10대 때는 이처럼 자아의 막연함 때문에 괴로워하곤 합니다. 학교에서 가르쳐 주는 것도 아니며, 부모에게서 답을 구할 수도 없습니다. 애초에 답이라는 게 있는지조차 알 수 없습니다. 10대란 그런 막연한 질문에 답을 구하기 시작하는 시기입니다.

2. 견적(見跡) : 소의 발자국을 발견하다

소를 찾아 나선 동자가 소의 발자국을 발견합니다. 이것이 두 번째 그림입니다. 발자국을 발견한 동자는 자신이 찾아 헤매던 소가 실제로 존재할지도 모른다고 생각하게 됩니다.

선에서는 이 발자국을 선인先人이 남겨 준 것이라 보고 있습니다. 부처님의 말씀과 경전을 통해 선대 조사님들께서 어떻게 수행을 해 왔는지에 대한 발자취를 발견할 수 있습니다. 아직 수행의 본질에는 도달하지는 못했지만 아주 조금은 수행의 길이 보이기 시작하는 상태이지요. 이것이 바로 '견적'입니다.

'본래의 자기'란 무엇인가? 마치 안갯속을 헤매는 듯한 이 막연한 물음에 실낱 같은 빛이 보이기 시작합니다. 아직 확실하지는 않지만 '내가 나아가야 할 길이 혹시 이것은 아닐까?' 하는 생각이 들게 됩니다. 나이를 대입해서 말하자면 10대 후반에서 20대라고 할 수 있겠습니다.

아직 경험이 많지 않은 그 시기에는 명확한 방향성을 갖기가 힘듭니다. 예를 들어 직업을 선택할 때도 자신에게 어떤 직업이 잘 맞을지 알지 못합니다. 이것저것 다 해 보고 싶고, 다른 일도 해 보고 싶습니다. 매일같이 흔들리는 자신의 마음과 싸움을 하는 시기입니다.

예전에는 가업을 잇는 사람들이 많았습니다. 농가에서 태어난 사람은 농업을 이어받고, 장사를 하는 집에 태어났다면 가게를 이어받는 것이 자연스러운 길이었지요. 선택지가 없는 것은 지루하기도 하지만 한편으로는 행복한 일이기도 합니다. '나에게는 어떤 일이 적성에 맞을까?'와 같은 것을 생각할 필요도 없이, 그저 부모로부터 물려받은 일을 하면 되기 때문입니다. 처음에는 하고 싶지 않았더라도 10년 정도 계속하면 그 일에 완전히 익숙해집니다.

그런데 과연 '나에게 딱 맞는 일'이란 것이 있을까요? 처음부터 '아, 이 일이야말로 내 적성에 딱 맞는 일이야'라고 생각되는 경우는 거의 없습니다. 적성에 맞고 안 맞고는 끊임없이 노력을 거듭해 나가는 중에 알게 되는 것입니다. 주어진 일을 열심히 하다 보면 그것이 바로 천직이 되는 법입니다.

그것을 깨닫지 못하는 10대 후반에는 '분명 어딘가에 나에게 딱 맞는 일이 있을 거야'라고 생각합니다. 이 시기에는 소의 발자국이 희망의 한 조각처럼 보일 것입니다.

3. 견우(見牛) : 소를 보다

소의 발자국을 쫓다 보니 나무 그늘에 소의 꼬리가 보입니다. 소의 몸통 전체가 보이는 것은 아니지만 분명 거기에 소가 있다는 것은 알 수 있습니다. 이것이 세 번째 그림 '견우'입니다.

아직 수행의 길은 멀기만 합니다. 하지만 뛰어난 스승을 만나서 아주 조금 눈을 뜬 것 같은 기분이 듭니다. 깨달음이 무엇인지 아직 잘 모르겠지만 희미하게나마 보이기 시작하는 것 같습니다.

스무 살이 지나면 이 소의 꼬리처럼 인생의 꼬리가 보이게 됩니다. 이제까지의 경험을 바탕으로 자신의 존재를 조금 알 수 있게 되는 시기이지요. 나는 어떤 일을 할 수 있고, 어떤 일을 할 수 없는가. 예를 들어 '초등학생 때는 프로 야구선수가 되고 싶었지만, 그 꿈을 이룰 수 없다는 걸 알고 있다', '의학의 길을 걸어서 많은 사람들을 살리고 싶다. 하지만 내 능력과 주변 환경을 생각해 보면 그것은 무리다'. 이런 식으로 눈앞의 현실이 보이기 시작하는 것입니다.

또한 타인과의 관계 속에서 '나'라는 사람이 어떤 사람인지 흐릿하게 보이게 됩니다. 인간이란 상대적인 동물이기 때문에 혼자서는 자신을 발견할 수 없습니다. 항상 타인과 관계를 맺고, 타인과 자신을 대조해 가며 '나'라는 존재를 알아갑니다. 타인의 자아와 부딪치거나 서로 알아가면서 자신의 존재를 확실하게 만들어 가는 것이지요. '견우'란 그런 시기입니다.

물론 이 시기에는 아직 전체 상을 파악하지는 못합니다. '어쩌면 나란 사람은 이런 사람일지도 몰라', '어쩌면 내 천직은 이것일지도 몰라'. 이렇게 자신이 가야 할 길이 명확하지는 않지만 어렴풋이 보이기 시작합니다.

물론 아직 경험이 한참 부족한 시기입니다. 관계를 맺고 있는 사람도 적지요. 또한 자신의 재능과 능력이 무엇인지 확실하게 알지 못합니다. 하지만 자신에 대한 믿음이 강해서 자기 자신을 쉽게 포기하려 하지 않습니다.

살짝 보이는 소의 꼬리. 빨리 소의 전체 모습이 보고 싶어집니다. 진정한 자기 자신이 어떤 모습을 하고 있을지 기대가 되는 한편 자신의 모습이 명확해지는 것에 대한 두려움도 있습니다. 이것이 인생에서의 '견우'입니다.

4. 득우(得牛) : 소를 얻다

결국 소의 모습을 발견한 동자는 소의 목에 밧줄을 걸어 힘차게 붙잡습니다. 그런데 소가 날뛰며 좀처럼 잡히지 않습니다. 이것이 네 번째 그림입니다.

수행을 시작하고 간신히 뭔가가 보이기 시작했습니다. '이렇게 하면 깨달음의 길을 걸을 수 있겠구나' 하고 생각하게 됩니다. 그런데 번뇌와 망설임 그리고 집착이 방해를 합니다. 그 번뇌와 망설임은 다른 누군가가 없애 줄 수 있는 것이 아닙니다. 자기 자신이 그것을 직시하고, 스스로의 힘으로 없앨 수밖에 없습니다. 선에서는 이 네 번째 그림을 가리키며, 결국 수행의 길은 자기 자신과의 싸움이라고 가르치고 있습니다.

학교를 졸업하고 사회인이 됐습니다. 아직 자신의 모습을 확실하게 파악하지는 못했지만, 어쩐지 지금의 현실이 자신의 인생인 것 같습니다. 자신이 원했던 회사에 들어가지 못했어도 일단 지금 하는 일에 최선을 다하려고 합니다. '이것이 내가 가야 할 길'이라며 자신을 타이릅니다.

하지만 마음속 깊은 곳에서는 아직 납득하지 못했습니다. '혹시 다른 길이 있지 않을까?', '이것이 과연 내 진짜 모습일까?', '이대로 살아도 되는 걸까?' 하는 의문이 솟아납니다. 그렇다고 해서 현재의 상황을 바꿀 용기도 없습니다. 힘들게 손에 넣은 것을 놓아버리는 것이 두렵기 때문입니다.

이때는 결혼을 해서 가정을 이루는 시기기도 합니다. 어떻게든 자신의 확실한 길을 찾아서 자신감 있게 나아가고 싶을 것입니다. 그럴 때, 과연 지금 가는 길이 맞는 길인지, 이 사람과 가정을 이루는 것이 맞는 것인지에 대한 망설임이 생겨납니다.

목에 밧줄이 묶인 소가 날뛰듯이 또 다른 자신의 마음이 날뛰고 있습니다. 자문자답을 반복하는 매일매일. 네 번째 그림을 인생에 비유한다면 그러한 시기가 될 것입니다.

5. 목우(牧牛) : 소를 길들이다

동자는 날뛰고 있는 소를 열심히 길들입니다. 그제야 소는 오른쪽으로 가라고 하면 오른쪽으로 가고, 멈추라고 하면 순순히 멈춥니다. 동자는 이제 됐구나 하고 안도합니다.

수행의 의미를 알게 되는 시기입니다. 이대로 수행을 계속하면 깨달음에 다가갈 수 있다고 확신하게 됩니다.

그런데 이 시기에는 커다란 함정이 기다리고 있습니다. 안심하고 조금이라도 수행을 게을리하면 순식간에 모든 것이 도로아미타불이 되어 버립니다. 결코 방심해서는 안 됩니다. 수행이란 끊임없이 계속해야 하는 것이기 때문에 늘 몸과 마음을 바르게 해야 합니다. 다섯 번째 그림이 우리에게 말하고자 하는 것은 안심하고 있는 마음을 틈타고 들어오는 잡념에 대한 경종입니다.

서른 살이 지나면 자신이 가야 할 길이 확실해집니다. 이 일이 나의 적성에 맞을까 하는 망설임도 점차 사라집니다. 이 시기에는 주변을 두리번거리며 망설이고 있을 여유가 없습니다. 일에도 익숙해졌고, 끊임없이 새로운 업무가 들어옵니다. 당장 눈앞의 일부터 처리해야 합니다. 내 가족을 먹여 살리기 위해서 이것저것 생각하고 있을 여유가 없습니다.

또한 '나는 누구인가?'라는 의문도 덮어 두게 됩니다. 즉, 마음이 아닌 표면적인 것에만 관심을 두게 되는 시기지요. 이 시기에 가장 주의해야 하는 것은 생각을 멈추는 것입니다. 아무리 바쁜 일상에 쫓기고 있어도 생각을 멈춰서는 안 됩니다. 그것은 수행을 중단하는 것과 마찬가지입니다.

생각하는 것과 고민하는 것은 완전 별개의 것입니다. 쓸데없는 고민을 하는 것은 좋지 않습니다만, 자기 자신에 대한 물음을 잊어서는 안 됩니다.

소를 얌전하게 길들이듯이 자신의 마음까지 길들이려 하지 말고, 자신이 걸어가야 할 인생에 대해서 끊임없이 생각해야 합니다.

마음을 길들이는 것과 자신의 마음에 질문을 던지는 것은 전혀 다
른 것입니다.

6. 기우귀가(騎牛歸家) : 소를 타고 집으로 돌아가다

동자가 소의 등에 올라타고 피리를 불며 돌아가는 그림입니다. 이제 소가 난폭하게 구는 일은 없습니다. 동자가 원하는 쪽으로 소가 걸어가 줍니다. 그렇게 동자는 자신의 집으로 돌아옵니다. 이때 소와 동자는 하나가 되어 간신히 '깨달음'을 얻은 상태입니다.

그런데 여기서의 집이란, 원래 살던 곳을 가리키는 것이 아닙니다. 그것은 자신이 돌아가야 할 장소 즉, 자신이 진짜 있어야 할 장소를 의미합니다. 수행 중에 많은 망설임이 있었지만 그 망설임에서 벗어나 결국 자신이 있어야 할 장소를 발견합니다. 다시 말해 자기 본연의 모습을 찾은 것이지요. 깨달음이란 무엇인지를 발견하고, 그것을 향해 확실한 발걸음으로 나아가는 모습. 이 그림은 그런 모습을 보여 주고 있습니다.

마흔 살이 되면 회사 안에서도 자신의 자리가 확고해질 것입니다. 일에 대해 자신감이 생겨서 망설임은 완전히 사라집니다. 자신이 무엇을 할 수 있고, 무엇을 할 수 없는지 명확히 알게 됩니다. 또한 자식이 태어나고, 교외에 집을 한 채 마련합니다. 자신에게는 돌아갈 집이 있다는 충만감에 휩싸이는 시기지요.

물론 그렇다고 해서 인생의 모든 것에 만족하는 것은 아닙니다. 아직 더 위로 올라가고 싶은 욕구도 있을 것입니다. 위로 올라가면 더 큰 행복이 있을지도 모른다고 생각할 것입니다.

하지만 마음속 어딘가에서는 지금이 내 인생의 최정상일지 모른다는 생각이 듭니다. 자신의 역량을 생각해 보면, 이 이상의 것은 힘들 것 같습니다. 이것은 결코 인생을 포기하는 것이 아닙니다. 시점이 조금 바뀌는 것일 뿐이지요.

주체할 수 없던 자아에서 해방되어 주변 사람들이나 자기 자신을 솔직한 모습으로 대할 수 있게 됩니다. 무작정 위로 올라가려고 하지 않고 잠시 멈춰 서려고 합니다. 자신이 있어야 할 곳을 발견했을 때, 사람은 그런 마음이 들게 됩니다.

7. 망우존인(忘牛存人) : 소는 잊고 사람만 남는다

자신이 돌아가야 할 곳으로 돌아간 동자는 마음이 매우 편안합니다. 이제 이 그림 속에서 소의 모습은 보이지 않습니다. 열심히 찾아 헤매다가 힘들게 데리고 온 소. 동자는 그 소를 깨끗하게 잊어버렸습니다.

소, 즉 '깨달음'을 얻기 위해 열심히 수행을 해 왔지만, 깨달음을 얻고 나면 그것을 머릿속에서 완전히 잊어버립니다. '나는 깨달았다'라는 의식조차 생기지 않습니다. 이것이야말로 진정한 깨달음의 세계입니다.

깨달음이란 형체가 있을 것이라 믿고 열심히 찾아다녔습니다. 하지만 깨달음은 형체가 없는 것입니다. 자기 마음속에 있는 것이지요. 불안이나 걱정 혹은 욕망이라는 것은 실은 존재하지 않습니다. 그것들은 모두 자신의 마음이 만들어 낸 것에 불과합니다. 모든 것은 자신이 마음먹기에 달렸다는 것을 깨닫는 것이 수행의 마지막 단계입니다.

인생이라는 산을 끝까지 오른 후 정상에 펼쳐져 있는 평지에 이르렀을 때, 사람은 진정한 만족감을 느낄 수 있습니다. 자신이 해야 할 일도 발견했고, 가정이라는 보금자리도 얻었습니다. 사회생활에 시달리면서 '나'라는 인간의 모습도 보이게 됐습니다.

여러모로 자기 나름의 목표를 달성했다고 생각할 수 있는 시기이지요. 얼마간은 그 편안함에 몸을 맡기고 있고 싶을 것입니다. 이 시기에는 그림 속 동자가 편히 쉬고 있는 것처럼 편안한 일상을 즐길 수 있습니다. 분명 이 시기가 인생의 최정상일 것입니다.

위로 올라가야 한다는 상승 지향의 욕구는 사라지고, 평온한 안정감을 느낄 수 있는 담담한 날들이 이어집니다. 회사 동료 혹은 가족을 통해서 자신의 모습이 명확히 보이게 됩니다. '나는 지금 행복하다'라고 생각할 수 있는 시기이지요. '인생이란 무엇인가?', '나는 누구인가?'에 대한 대답이 '깨달음'이라면, 인생의 깨달음의 경지에 오른 시기라고 할 수 있겠습니다.

'망우존인'이란 인생이라는 산의 정상을 나타내는 그림일지도 모릅니다. 그리고 여기서부터 인생의 하산이 시작되는 것입니다.

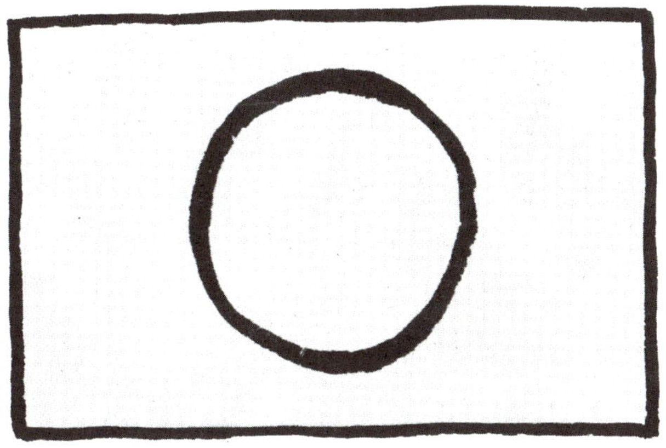

8. 인우구망(人牛俱忘) : 사람도 잊고 소도 잊는다

이 그림에는 아무것도 그려져 있지 않습니다. 구체적인 뭔가가 아니라 텅 빈 공간을 표현하고 있는 것 같습니다. 선에서는 이 그림을 소도 인간도 다 잊히고, 망설임과 깨달음마저 모두 초월했을 때 나타나는 절대적인 공空을 표현한 것이라고 해석합니다. 절대적인 '공' 즉, 무無의 상태를 나타내고 있는 것이지요.

'본래의 자기' 그리고 '깨달음'을 찾아 헤매던 동자는 간신히 소를 길들여 자신이 있어야 할 장소로 돌아왔지만, 이제 그것조차 다 잊었습니다. 뿐만 아니라 자신이 누구인가에 대한 것조차 의식하지 않습니다. 즉, 무無의 세계에 도달한 것이지요.

젊은 시절부터 '진짜 자신의 모습'을 찾기 위해 이리저리 헤맵니다. 앞으로 자신이 해야 할 일을 모색하고, 천직이라 여겨지는 일을 발견해서 산 정상을 향해 올라갑니다.

산 정상에 무엇이 있는지 알 수 없지만 그래도 정상을 향해 계속해서 오릅니다. 분명 거기에는 행복이 있을 거야, 정상에 서면 '본래의 나'와 만날 수 있을 거야 하고 굳게 믿으며 열심히 정상을 향해 올라갑니다.

그리고 정상에 올랐을 때 그야말로, 말로 표현할 수 없는 만족감을 느낄 것입니다. 하지만 그 만족감조차 영원히 지속되는 것이 아닙니다. 행복을 느끼는 시간은 순식간에 지나갑니다. 만족감과 충실감에 빠질 수 있는 시간은 금세 사라지고 맙니다.

정년퇴직이라는 것을 하나의 정상이라고 생각할 수 있겠습니다. 정년퇴직과 동시에 이제까지 힘들게 이뤄 온 회사에서의 실적과 직함 그리고 많은 인간관계들이 한순간에 사라집니다. 정년퇴직을 '회사 생활의 총결산', '인생의 커다란 단락'이라는 아름다운 말로 포장하는 경우도 있지만, 만약 정년퇴직을 색깔로 표현한다면 화려한 색보다는 오히려 투명한 무색에 가까울 것입니다. 마치 무의 세계와도 같지요.

'무의 세계'를 느끼는 것은 결코 나쁜 것이 아닙니다. 무라는 것을 깨달음으로써 우리는 인생의 하산을 시작할 수 있습니다. 지나간 시간에 집착하지 않고, 새로운 경지를 얻어 내려갈 수 있는 것입니다. 즉, 무無가 가르쳐 주는 것은 '이곳에 쓸데없는 인생의 짐을 다 버려라'라는 것이 아닐까요?

오르막길에서 손에 넣었던 많은 짐. 자신을 행복하게 해 줄 것이라 굳게 믿고 손에서 놓지 못했던 그 짐들을 산 정상에 전부 버려야 합니다. 몸과 마음을 가볍게 하고 이제부터 새로운 인생의 산을 목표로 하는 것입니다. 여덟 번째 그림인 '인우구망'에는 그런 의미가 담겨 있습니다.

아름다우면서도 엄격한 자연 안에 깨달음이 있다

9. 반본환원(反本還源) : 본래의 모습으로 되돌아가다

아홉 번째 그림에는 이제 동자의 모습도, 소의 모습도 그려져 있지 않습니다. 그저 자연의 풍경만이 그려져 있습니다. 계절이 바뀌고 자연은 시시각각 변화해 갑니다. 선에서는 그 자연의 변화 속에 불변의 진리가 담겨 있다고 말합니다. 삼라만상 안에 존재하는 깨달음의 세계, 모든 진리는 바로 대자연 속에 존재한다는 것을 알려 주는 그림인 것이지요.

반본환원反本還源이란 '본래의 모습으로 돌아가 다시 출발점에 서다'라는 의미입니다. 이제 막 깨달음을 향해 걷기 시작했을 때는 아무것도 가진 것 없이, 오로지 소를 잡으려는 자신만이 존재합니다. 하지만 소를 잡아서 길들이자마자 이내 소의 모습은 사라지고 맙니다. 문득 정신을 차리고 나면 다시 아무것도 가지지 않은 자신의 모습과 만나게 되는 것이지요. 그제야 비로소 새로운 인생을 향해 나아갈 수 있습니다.

내리막길에 들어서도 쉽사리 모든 집착에서 해방되지 못합니다. 힘들게 손에 넣었던 것들을 전부 놓아 버릴 용기도 나지 않습니다. 걸어 왔던 길을 안타까운 눈빛으로 뒤돌아보며 좀처럼 내려가지 못하지요.

하산을 할 때는 그 나름의 불안감이 생겨납니다. '이제부터 어떻게 살아야 될까?', '내 인생은 지금 이대로 괜찮은 걸까?' 하는 생각에 빠져 길을 잃게 되기 십상입니다.

만약 하산하는 도중에 망설임이 생겨난다면 '본래의 자신'에게로 돌아가야 합니다. 그것은 자아가 싹트기 전의 자신일 수도 있고, 어린 시절의 자신일 수도 있습니다. 그때로 돌아간다면 망설임은 옅어질 것입니다. 왜냐하면 그 시절의 자신은 무無였기 때문입니다.

그 시절에는 인생 경험도 얼마 없기 때문에 눈에 비치는 모든 것이 다 빛나 보였을 것입니다. 눈앞에 우뚝 솟은 산을 바라보며 가슴이 뛰던 그 시절, 그 마음으로 돌아가는 것입니다. 그 무색 투명하고 순수한 마음을 떠올린다면 다시 인생이라는 산을 내려갈 용기가 생길 것입니다.

10. 입전수수(立廛垂手) : 저자에 들어가 중생을 돕다

열 번째 그림에서 동자의 모습은 딴판으로 변해 있습니다. 복장도 이제까지 입고 있던 옷이 아닌 승려복입니다. 포대화상布袋和尙(중국 당나라 말기의 선승)의 모습으로 변한 그는 온화하고 부드러운 모습입니다.

입전수수立廛垂手에서 전廛이란 '사람들이 살고 있는 마을'을 의미합니다. 그리고 수수垂手란 '사람들에게 가르침을 주고 이끌어 가는 것 그리고 고민하는 사람들에게 구원의 손길을 뻗는 것'을 의미합니다.

부처님께서 말씀하신 보살행菩薩行이란, 깨달음을 얻었을 때 그 것을 자신만의 것으로 믿드는 것이 아니라 많은 사람들에게 전파하는 것입니다.

인생에서 하산을 할 때 가장 유념해야 할 것이 무엇일까요? 그것은 아래에서 올라오는 젊은이들에게 손을 뻗어 주는 것입니다. 그동안의 경험을 통해 얻은 지식을 아낌없이 전해 주어야 합니다. 아무런 계산 없이 순수한 마음으로 그들에게 다가가는 것이 중요합니다.

이 그림 속에 있는 포대화상의 손에는 술이 든 호리병이 그려져 있습니다. 거드름 피우지 않고 편안한 얼굴로 다른 사람들의 마음을 치유하고 있습니다. 위에서 내려다보며 '가르치는' 것이 아니라 같은 눈높이에서 '전달하는' 모습입니다. 아마도 이 호리병이 표현하고자 하는 것은 다정함이 아닐까 싶습니다.

열 장의 '십우도'에는 인간의 삶이 고스란히 담겨 있습니다. 선에서 '소'는 '깨달음'을 의미합니다. 다른 말로 하자면 '자신의 진짜 인생'이라 할 수 있겠습니다. 나는 무엇을 위해 태어났는가. 내가 해야 할 일은 무엇인가. 그리고 나는 누구인가. 인간은 이 질문의 답을 얻고 싶어 합니다.

　하지만 답을 찾아 헤매다가 결국에 도달하는 곳은 '무無의 세
계'일지 모릅니다. 그래도 인간은 계속해서 답을 찾아 헤맵니다.
왜냐하면 그것이 곧 살아 있다는 '증거'이기 때문입니다.

저는 2015년 5월 말까지 정부가 주최하는 '생활의 질' 향상 검토회의 멤버로 활동했습니다. 향후 일본 사회를 더욱 살기 좋게 만들기 위한 대책을 논의하는 모임이지요. 이 검토회는 세 개의 분과로 나뉘는데 그중에서 저는 중장기적 시점에서 제언을 하는 분과에 들어갔습니다.

예전부터 저는 '3세대 가족'을 추진해 왔습니다. 할아버지, 할머니, 부모님 그리고 그 자녀들이 한 지붕 아래 살아가는 것이지요. 예전에는 당연했던 생활 형태지만, 지금은 찾아보기 힘들어졌습니다. 그래서 저는 분과 모임에서 이런 생활 형태의 변화가 현대 사회에 여러 가지 폐해를 초래하는 것이 아닐까 하는 의문을 제기했습니다.

이 사회에는 여러 세대의 사람들이 함께 살아가고 있습니다. 인생이라는 산으로 비유하자면 아직 산에 오르지도 않은 어린아이, 이제부터 오르려고 하는 젊은이, 산 중턱에서 숨을 헐떡이고 있는 사람 그리고 정상까지 올랐다가 이제 내려가려는 사람 등이 있습니다. 이 모든 사람들이 서로 도우며 살아가지 않으면 좋은 사회가 될 수 없습니다.

위에서 불안한 걸음걸이로 산을 내려오는 사람이 있습니다. 올라가던 사람이 그를 보고 "어차피 저 사람은 내리막길이니까"라고 말한다면 어떨까요? 너무나 매정한 말이지 않습니까?

반대로 산을 내려가던 사람이 고민을 끌어안고 멈춰 서 있는 젊은이를 발견합니다. 하지만 흘끔 보기만 하고 그대로 지나쳐서 내려가 버립니다. 이 역시 너무나 냉정한 시선입니다.

어째서 이런 사회가 돼 버렸을까요? 물론 다양한 요인이 있겠지만, 그중 하나는 대가족이 줄었기 때문이라고 생각합니다. 3대가 함께 사는 가정에서는 한 집안에 전혀 다른 시대를 살아온 사람들이 있습니다. 평온하게 산을 내려가고 있는 할아버지, 가족을 위해 필사적으로 올라가고 있는 아버지 그리고 이제 막 산을 오르려고 하는 자식.

자식들은 부모님의 모습을 보며 인생이라는 산을 올라가는 법을 배웁니다. 또한 하산하는 할아버지, 할머니의 모습을 보며 인생에는 내리막길이 있다는 것도 알게 됩니다. 부모는 자식들의 길잡이가 되어 주고, 그 부모 또한 하산길에 있는 할아버지, 할머니를 길잡이로 삼습니다. 이것이 인간으로서의 자연스러운 모습이라고 생각합니다.

현실적으로 3대가 함께 사는 것이 힘들다면 적어도 세대를 초월한 배려의 마음을 가졌으면 합니다. 그런 당연한 것에 관심을 가져야 합니다.

주변에 산을 오르고 있는 사람만 있다면 그곳에는 비교와 경쟁이 생겨날 것입니다. 반대로 산을 내려가는 사람만 있다면 희망과 활력이 사라질 것입니다. 이는 매우 일그러진 사회의 모습입니다.

우리는 이 세상에 태어나 다 같이 '사회'라는 산을 오르고 있습

니다. 그 기적과 같은 인연을 소중히 여기는 사회가 되기를 진심
으로 기원합니다.

마스노 슌묘 합장

인생이라는 산에서 내려가는 연습

| 초판 1쇄 발행_ 2016년 11월 30일

| 지은이_ 마스노 슌묘
| 옮긴이_ 김지연

| 펴낸이_ 오세룡
| 기획·편집_ 이연희, 박혜진, 박성화, 손미숙, 최은영, 김수정
| 디자인_ 박지영(by_tattoo@naver.com)
　　　　　고혜정, 김효선, 최지혜
| 홍보·마케팅_ 문성빈
| 펴낸 곳_ 담앤북스
　　　　　서울특별시 종로구 사직로8길 34 (내수동) 경희궁의 아침 3단지 926호
　　　　　대표전화 02) 765-1251 전송 02) 764-1251 전자우편 damnbooks@hanmail.net
| ISBN 979-11-87362-48-7 (13190)

이 도서의 국립중앙도서관 출판예정도서목록(CIP)은 서지정보유통지원시스템 홈페이지(http://seoji.nl.go.kr)와 국가자료공동목록시스템(http://www.nl.go.kr/kolisnet)에서 이용하실 수 있습니다.
(CIP제어번호: CIP2016027840)

정가 13,000원